高申 著

人民文学出版社
天天出版社

带着课本游北京

遗址遗迹故事多

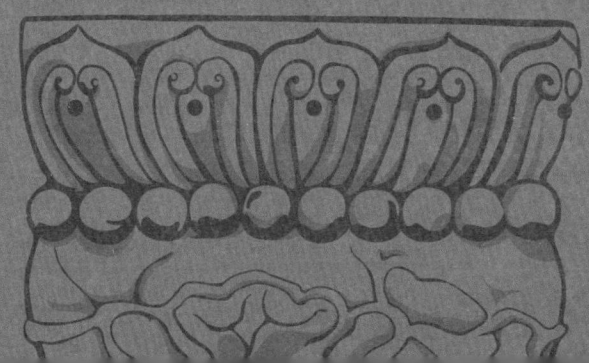

图书在版编目（CIP）数据

遗址遗迹故事多 / 高申著. -- 北京：天天出版社，2023.10
（带着课本游北京）
ISBN 978-7-5016-2139-2

Ⅰ.①遗… Ⅱ.①高… Ⅲ.①文化遗址－北京－少儿读物 Ⅳ.①K878-49

中国国家版本馆CIP数据核字(2023)第159877号

责任编辑：董 蕾　　　　　　**美术编辑：**邓 茜
责任印制：康远超　张 璞

出版发行：天天出版社有限责任公司
地　址：北京市东城区东中街42号　　　**邮　编：**100027
市场部：010-64169902　　　　　　　　**传　真：**010-64169902
网　址：http://www.tiantianpublishing.com
邮　箱：tiantiancbs@163.com

印　刷：三河市春园印刷有限公司　　　**经　销：**全国新华书店等
开　本：880×1230　1/32　　　　　　　**印　张：**8.125
版　次：2023年10月北京第1版　**印　次：**2023年10月第1次印刷
字　数：130千字

书　号：978-7-5016-2139-2　　　　　　**定　价：**35.00元

版权所有·侵权必究
如有印装质量问题，请与本社市场部联系调换。

第一章　北京境内的远古人类

周口店猿人遗址

周口店猿人遗址

第三章　西汉"郡国并行"的见证

西汉大葆台汉墓

第五章　从"八王之乱"到北魏孝文帝改革

北魏太和造像

第六章　海拔最低的北齐长城

北齐长城遗址

北齐长城遗址

第七章　隋唐时期的京杭大运河

白纸坊桥古河道驳岸（网络图源）

第八章　大唐两代盛世帝王的辛酸

悯忠寺

第九章 幽州境内赵宋王朝的印记

史思明墓今景

高粱桥

高粱河

第十章 辽金政权的跌宕风云

天宁寺塔

姚广孝塔

卢沟桥

第十一章　元大都设计者的老师

万松老人塔

海云和尚像

元大都城垣东南古观象台

京杭大运河闸门

海云和尚塔旧影

元大都和义门

第十二章　永乐皇帝与北京城

明代永乐大钟

皇史宬

第十三章　紫禁城内的明朝帝王事

明代紫禁城

故宫堆秀山

今天的紫禁城

第十四章　燕山山脉下的风云往事

白塔庵塔

十三陵康陵

景泰陵

第十五章　前人播种后人收，说甚龙争虎斗

《历代帝王图》

历代帝王庙

第十六章　媲美文艺复兴时期作品的明代壁画

明代法海寺壁画

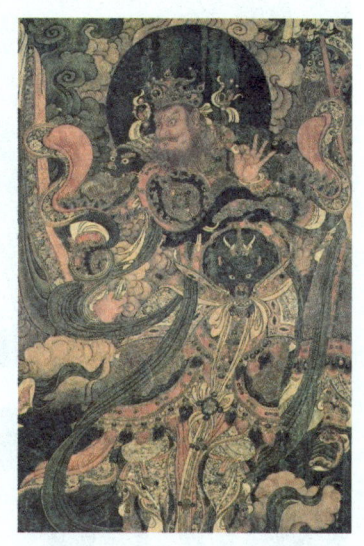

明代法海寺壁画

承恩寺

第十七章 紫禁城中的皇家往事

故宫养心殿

故宫养心殿三希堂

正阳门箭楼

故宫建筑

天坛斋宫

第十八章 与清王朝有关的王爷们

恭王府

恭王府

庆王府

怡亲王墓

孚王府石狮

目录

第一章 北京境内的远古人类
　　从周口店到东胡林人遗址　/ 1

第二章 两周分封制度在燕地
　　从琉璃河商周遗址到蓟城　/ 19

第三章 西汉"郡国并行"的见证
　　大葆台与老山汉墓　/ 29

第四章 燕京大地上的后汉三国英雄谱
　　寻找汉魏遗迹　/ 41

第五章 从"八王之乱"到北魏孝文帝改革
　　华芳墓、北魏太和造像及其他　/ 51

第六章 海拔最低的北齐长城
　　探寻一段颇受质疑的古迹　/ 63

第七章　隋唐时期的京杭大运河

　　寻访凉水河　/ 73

第八章　大唐两代盛世帝王的辛酸

　　探访法源寺与史思明墓　/ 85

第九章　幽州境内赵宋王朝的印记

　　漫游"高梁河大战"遗迹与"靖康之难"遗迹　/ 97

第十章　辽金政权的跌宕风云

　　从辽代皇陵到金代帝陵　/ 111

第十一章　元大都设计者的老师

　　找寻海云和尚、刘秉忠、郭守敬在京遗迹　/ 127

第十二章　永乐皇帝与北京城

　　探访永乐时代的遗迹　/ 141

第十三章　紫禁城内的明朝帝王事

　　穿越到明代的帝宫里去逛逛　/ 155

第十四章 燕山山脉下的风云往事
  走访明代帝王陵寝　/ 165

第十五章 前人播种后人收，说甚龙争虎斗
  "邂逅"历代帝王庙的皇帝谱系　/ 181

第十六章 媲美文艺复兴时期作品的明代壁画
  遍览北京的明代壁画　/ 191

第十七章 紫禁城中的皇家往事
  再访清代的紫禁城　/ 205

第十八章 与清王朝有关的王爷们
  寻找京城内外的王府　/ 219

第一章

北京境内的远古人类

从周口店到东胡林人遗址

历史名词

周口店北京猿人
裴文中发现第一颗
北京人头盖骨化石
旧石器时代
使用火的证据
山顶洞人
东胡林人遗址
新石器时代
南稻北粟

远古北京的第一缕文明之光

除了生活在房山当地的朋友，京内其他地方的客人走访一趟周口店的北京人遗址，至少需要一天时间。这路程确实有点远。而且，"北京人"生活的时代距离我们也太过遥远了。然而，走访一趟还是很值得。毕竟，连同距今18000年前的"山顶洞人"，以及夹在"北京人"和"山顶洞人"之间的"新洞人""田园人"在内的周口店猿人群落，是能提起你足够兴致的。

周口店北京人遗址的重要性，不仅国内的专家学者一致肯定，在国际考古学、历史学界也没有争议。北京大学的一位历史学教授曾对我说：周口店遗址成为中国首批世界文化遗产，这在当年是受争议最少的，可见它的国际影响力有多大！究其原因，周口店遗址乃世界上埋藏古生物、古人类化石最丰富的地方。

这个位于北京周口店镇龙骨山上的重要遗址，最初是当地民众在不经意间发现的。龙骨山属于大西山的一部分，这里自古就盛产石灰。开采石灰的工人经常会在石灰岩的山洞或裂缝的堆积物中，发现一种名为"龙骨"的药材。这些"药材"被卖给中药店铺后，可作刀伤药。所谓"龙骨"，实际上就是古代动物的骨骼化石。在这些化石之中，就夹杂着远古人类的骨骼化石。比如，19世纪后期，德国古脊椎动物学家施洛基尔就曾在研究"龙骨"时，辨认出一颗类似人类的牙齿化石，当时就引起了欧洲学术界的注意。到了1918年，应聘来华担任矿政顾问的瑞典著名地质学家安特生，在对周口店进行考察时，发现这里埋藏着古生物化石。1921年，奥地利古生物学家师丹斯基与安特生合作，对周口店龙骨山遗址进行发掘。从1921年至1923年，他们发掘出大量的哺乳动物化石。这些化石由师丹斯基带回欧洲，在瑞典的大学进行研究。在这些化石资料中，发现了两颗古人类的牙齿化石。人类牙齿化石发现的消息很快便传回到北京，引起了极大的震动。当时中国地质调查所与北京协和医院签订协议，决定于1927年正式对周口店遗址进行发掘。中国地质调查所的旧址，就在西四路口西南侧的兵马司胡同，如今已成为普通民居；而存放着大量古生物及古人类化石的中国地质博物馆，便是地质调查所陈列馆的"衣钵"继承者。

在1927年至1928年的两年中,周口店遗址出土了大量古脊椎动物化石,以及古人类的上、下颌骨与牙齿化石。关于这些古人类化石的命名问题,当时北京协和医院解剖科主任、加拿大解剖学家步达生提议,在人类学的分类中建立一个人科的新属新种,学名为"中国猿人北京种";美国著名地质学家葛利普提议称其为"北京人"。"北京人"这个名称,便一直沿用到现在。此后不久,在对周口店遗址的进一步发掘过程中,年轻的中国考古学、古生物学工作者裴文中等人发现了第一具完整的北京人头盖骨化石。

根据古人类学家的推测,"北京人"的存在时间,最早是在距今70万年前,最晚则是距今20万年前。由此看来,"北京人"在这里居住的时间先后延续了50万年左右,这段时间在考古学年代中相当于旧石器时代前期。

"北京人"生活的环境有山有水、有丘陵与平原,但山势相对低矮,周口店北京猿人遗址所在地的龙骨山海拔只有110多米,且与华北大平原相连接。

从遗址发掘情况推断，此时的"北京人"还没有过上定居生活。他们大体是由十几人到三五十人结为一群，居住在山洞里。无论采集、狩猎或从事其他活动，都以"群"为单位进行。由于生产力水平低，他们的经济生活只能依靠采集和狩猎。主要是采集一些植物的根茎、果实以及捡拾一些鸵鸟蛋等；只能猎取些不太凶猛的兽类，如鹿、羊、鼠类等，有时也捕捉一些鸟类充饥。这些"北京人"主要过着"茹毛饮血"的生活，但他们开始使用火了。

今天的北京居民，完全不是"北京人"的后代。根据古人类学家的研究，曾经的"北京人"经过现在的河北张家口、山西大同，一路迁徙至山西朔州一带，最后在那里消失。

当然，在"北京人"生活的年代里，整个华北与东北地区的气候差别并不大。与周口店人类遗址的底层年代大体相当的，还有内蒙古大青山的大窑遗址、辽宁营口的金牛山遗址下层部分、山西垣曲及河南三门峡等地的人类遗址等。他们或许都与"北京人"有着千丝万缕的联系。

周口店一带,不只是"北京人"的家

据目前考古发现的资料证实,继"北京人"之后,在北京地区发现的较早的人类化石就是"新洞人"。其实,"新洞"和"山顶洞"是在龙骨山的不同位置上。由此看来,周口店猿人遗址,真称得上是"史前人类"的巨大宝库。

关于新洞人遗址发现的过程,还得归功于几个青少年的冒险之举。1967年,一群北京城区内的学生,骑车去周口店遗址郊游。当他们到达遗址发掘"第四地点"稍北的地方时,发现了几道石缝,就一个挨一个地钻了进去。接下来,便是发现奇迹的时候了,一处新的洞穴呈现在眼前。后来,孩子们将这一发现报告了有关的文物部门。

到了1973年,考古工作者对这一洞穴进行了发掘。在新洞遗址中,考古工作者发现了一颗人牙化石。这颗牙齿化石的粗壮程度和尺寸介于直立人和现代人之间。在遗址中,还出土了大量的哺乳动物化石,以及较厚的灰烬。这或许是在暗示我们,在"新洞人"的日常饮食中,熟食已经占有很大的比重。

通过对新洞人遗址的鉴定，专家们推测："新洞人"生活在距今7万至11万年之间，处于旧石器时代中期，其年代介于"北京人"和"山顶洞人"之间。他们仍然过着采集、狩猎的生活。

"山顶洞人"名称的出现，源自他们的化石出现的地点——北京人遗址（猿人洞）的山洞顶端。山顶洞人遗址是1930年被发掘的，此时已经发现了北京人遗址。为了弄清龙骨山上的化石分布情况，从1930年春开始，考古工作者在这里进行了大规模的发掘工作，除发现了重要的古人类化石和文化遗物外，还了解到很有特点的山顶洞洞形。这个洞分上室、下室，而化石遗物主要就出自这里：在洞口和上室中，发现有幼儿残头骨、骨针、装饰品和少量石器；在下室中则发现了三只完整的头骨和部分骨架，以及很多随葬品。由此看来，上室应该是山顶洞人居住的地方，下室则可能是墓葬。

在山顶洞遗址中所发现的遗物是比较丰富的，其中最能代表山顶洞人文明程度的，是一根骨针。根据专家的推断，制造这样一根骨针，需要经过若干道工序和复杂的制作技术才能完成。骨针的出现,说明当时的人类已经能够用兽皮之类的原料缝制衣服了。

随着考古发掘的不断深入。2001年,考古工作者们在周口店"第二十七地点"发现了田园洞人遗址。这些生活在距今10万至2万年之间的人类,属于旧石器时代晚期的智人。根据人类学家的研究,田园洞人已经穿上了鞋子,结束了"赤足走天下"的岁月。科学家们测序出了田园洞人的基因组数据,这样一组数据,成为迄今为止国内最早的古人类基因数据。但令人匪夷所思的事也在此时出现了。这些有着清楚基因数据的田园洞人,居然不是现代东亚人的直系先人。与田园洞人关系更为紧密的,是远在8000公里之外的比利时"古欧洲人",以及远在15000公里之外的美洲亚马孙人。你说奇怪不奇怪!

来自王府井的原始人

走出周口店一带的群山,回到北京城区。

你一定听说过王府井,那你知道"王府井人"吗?如果有机会,建议你到北京王府井商业街东南角上的东方广场地下区域逛逛。那里有座古人类遗址博物馆,里面展示着"王府井人"的生活场景。是不是感觉不可思议,怎么古人类遗址会跑到王府井、长安街上去了?而且还不是在存放各种文物的国家博物馆和首都博物馆。此事说来也很意外,1996年12月下旬,一群建筑工人在兴修东方广场时,无意中发现了一处古人类活动遗址。由在京考古领域的权威专家组成的联合考古队立即对这处遗址进行了抢救性发掘。经考古发掘证实,这处人类遗址存在的时间,大约是在距今2万年以前(与山顶洞人出现的时间不相上下),属于旧石器时代晚期。考古学家把这处遗址上生活过的古人类,命名为"王府井人"。

王府井人遗址的发掘面积达700多平方米,总共发掘出土了实物标本1500余件,包括石核、石片等石器以及古动物化石等。与此同时,考古人员还发现了四处用火遗迹。但可惜的是,整个遗址中并没有发掘出古人类化石,连颗牙都没有。

别遗憾,你要是去河北与山西交界的泥河湾古人类遗址,照样也见不到任何人类化石,但这并不能抹杀泥河湾的重要性。同理,找不到人类化石的王府井人遗址,是目前在北京城区发现的、迄今年代最久远的一处古人类遗址。这点是无可置疑的。

此前,在北京地区发现的旧石器时代人类遗址基本上都在山区。从山洞移居地面的过程,有一部分专家学者曾以北京门头沟区"东胡林人"的新石器时代墓葬遗址作为推断依据。按照当时的想法,只有到了"东胡林人"生活的新石器时代,北京地区的人类才可能移居平原。谁也没想到,处于旧石器时代的"王府井人",竟然已经是生活在平原地带的第一批北京人了。

然而,"王府井人"毕竟是冲出大山、拥向平原的一批特殊的人。说他们"特殊",是因为比他们出现时间要晚得多的东胡林人,此时还一直生活在山谷之中。

从"山居"走向"原居"的东胡林人

位于北京市门头沟区的大西山谷地之中,有一条清水河。这条河的河水,在流淌一段距离之后,便要汇入更为宽阔的永定河中。清水河的两岸,是绵延不断的山丘,山丘下散布着一些低矮的黄土台。在这样的黄土台里,就埋葬着距今约一万年前的古人类,他们被称为"东胡林人"。

东胡林人是在东胡林村的挖土过程中被发现的。考古专家在一具尸骨的脖子上发现了螺壳做的项链。这位专家根据土层分布判断,这是一具古人类的尸骨。为安全起见,他特意抱了几捆玉米秆盖在尸骨上,后来又找了一个蜜蜂箱,将残骸收集起来,带回了北京大学。这是人们第一次发现东胡林人的遗骸。

根据专家介绍,当时在东胡林村挖出的尸骨残骸来自三个古人,而且是新石器时代的古人。经过科学鉴定,证实这三个东胡林人生活的时间在距今9000至1万年之间。

在这三具尸骨中,有一具属于十六岁的花季少女。这位少女的尸骨在被挖出来时呈弯曲状,而在少女遗骸的腕部发现了用牛肋骨制成的骨团，很像是手镯。牛肋骨被截成长短不等的小段，并且截头处被打磨得圆而光滑。在少女的胸前，还遗落有50多个小螺壳。螺壳大小匀称，排列整齐有序，每个螺壳上都钻有小孔，看来这串螺壳是用绳子串联起来，挂在少女胸前的。有学者据此推测，这或许是东胡林人处于母系社会的一种体现。

多年之后，考古学者们又在东胡林村发掘出土了一具比较完整的原始人类遗骨。令人感到惊奇的是，就在这具遗骨埋葬的地点上方仅半米处，竟有一口白薯窖，这口白薯窖是东胡林村民于20世纪50年代挖成的。由于这是全村唯一的白薯窖，所以使用率特别高。东胡林村民在这个窖口进进出出了半个世纪之久，古人的好梦竟然未被惊扰。

至此为止，从距今约50万年前的北京猿人到距今1.8万年左右的山顶洞人，再到距今1万年的东胡林人，北京乃至整个华北地区的人类演化史图被圆满地描绘了出来。如今，你若想了解东胡林人的故事，可以去参观位于门头沟区河滩的永定河文化博物馆，或是首都博物馆的北京通史展厅。至于东胡林人遗址，可在你乘车前往斋堂、灵山或百花山的途中前去参观。

古老的北京大地上，还生活着他们

继东胡林人墓葬之后，北京地区又发掘出土了两处新石器时代人类遗址。这便是地处北京平谷区的上宅遗址和北埝头遗址。上宅遗址位于平谷城区东北19公里上宅村北的一块台地上。在升级为第八批国家重点文物保护单位的上宅遗址附近，早已建成了上宅遗址陈列馆。距离陈列馆不远处，便是京东地区颇有名气的金海湖公园。北埝头遗址则位于平谷城区西北75公里，地处燕山南麓的河道南岸。

根据考古学家的测定，推断两处遗址出现的年代是距今六七千年前，相当于黄河流域仰韶文化或长江流域的河姆渡文化时期。在这两处遗址中，出土器物主要是粗糙的石器和陶器。其中石器主要有石斧、石凿、石磨盘、石磨棒等，分为打制、磨制和琢制三种类型。特别值得一提的是，在北埝头遗址中，还发现了十座新石器时代的房屋遗址。这些房屋多为圆形或椭圆形半地穴式，与半坡遗址中出土的房屋样式类似。通过这些遗迹或遗物，我们能够知晓：当时的先民已经过着定居生活了。

不过，参观上宅遗址陈列馆的时候，我的兴趣点并不在那些石制或陶制的生产生活用品上。一些石雕的小动物，陶塑的猪头、羊头，以及其他精致装饰品，反而让我驻足良久。其中，有一件鸟首形陶柱，似乎在告诉我们："上宅人"已经有了图腾崇拜的祭祀活动。

除了前面提到的这几处古人类遗址，我们祖先的往事，还能在哪里找寻到呢？接下来，我们将目光转向北京昌平区南口镇东北部的雪山村文化遗址。

雪山村的名字，在我看来还挺有趣。这座海拔仅为118米的小山，当然并不存在终年积雪。只因它山势两边高、中间低，远远望去如同马靴，所以被称作"靴山"。不知怎的，后来竟更名为"雪山"。雪山村遗址的面积，大约有一平方公里，分布在雪山村东南部的一片台地上。

在这里出土的文物中有一大批陶器制品，有些器皿制作得异常精致，其工艺水平之高，让人想象不到是几千年前的作品。

遗址最下面的一层被称为雪山一期文化，距今约六七千年，属于新石器时代晚期。雪山村遗址的中间文化堆积层距今约四千多年，专家称其为雪山二期文化。这一层出土的陶器型制在中原龙山文化（比仰韶文化晚一些出现）中也比较常见，所以可以判定雪山二期文化和龙山文化属于同一类型。雪山村人的房子在当时还是半地下的，这样的房子，最大好处就是具有良好的气温调节作用，这或许是古人为应对恶劣自然环境而创造的一种居住方式吧。

雪山村文化遗址文化层的第一和第二期正处于中学历史课本上所讲的原始社会阶段，相当于母系氏族社会向父系氏族社会的转化阶段。到了雪山文化层的第三期，尽管还属于原始社会，但从文化类型上看，已属于"夏家店文化下层"的时期。夏家店文化是从哪里来的？这种文化存在于华北地区，与之相对应的时间，或许是咱们熟悉的

"尧舜禹"至夏朝"二里头文化"时期。

关于远古时代的北京大地,前前后后生活着这样的一大群人。之后跟别人聊起"史前北京",你可千万别只能说出周口店猿人啦!

第二章

两周分封制度在燕地

从琉璃河商周遗址到蓟城

历史名词

商朝内外服制度
西周分封制度
燕国与蓟国
燕国国都蓟城
春秋五霸（齐桓公）
战国七雄
秦统一六国
燕国青铜器制造

第二章　两周分封制度在燕地

西周燕国诞生以前的神秘古老方国

北京城的建城史，到底是从哪年开始的？或许是公元前1045年。因为西周天子分封燕国诸侯，也就是召公的家族，正是在这个时候。但我总有一些疑问，燕国所处的琉璃河遗址在分封以前存在独立的方国。这段方国的历史，难道就不算入"北京建城史"的时间之内吗？

这个在西周分封诸侯以前就存在的方国，被史学家称为"古燕国"。其实，在西周以前的夏商时期，有很多"国"（方国）、"族"（部落）分布在如今的北京地区，其中有古燕国、孤竹国、肃慎、山戎等。古燕国最早建立的时间现在已经无从知晓。关于它的一些历史情况，在商代的甲骨文或周代的文献资料中，还是可以找到一些踪迹的。比如，作为周王室成员的召公家族所建立的国家，为何被称作"燕"而不是别的名字？"燕"是周王室自己想出来的，还是原本就有一个"燕"呢？事实上，召公被分封在"燕"以前，这个分封地就是古燕国的所在地。到了春秋时期，周天子派遣大臣詹桓伯出使晋国，就曾与晋侯讲过这样的话："我自夏以后稷……肃慎、燕、亳，吾北土也。"在这里，明确提到"肃慎、燕、亳"，是武王伐纣以前就已经存在的，他们是北方的居民。也正因如此，待西周建立以后，"燕"等才能成为西周的"北土"。这里提到的"燕"字，可不仅是地名，它还是国名。

关于神秘的"古燕国"，在国家博物馆与首都博物馆的展厅内，也能得到一些线索。只不过，需要你仔细地观察。"燕国"国名的本字，应是"郾国"或"匽国"。古燕国的"燕"字在不同时期有着不同的写法，在商代及西周初年的甲骨文中写作"妟"，在西周、春秋时期的金文中写作"匽"，在战国时期的金文中写作"郾"。若是在甲骨文中有"妟"字出现，那它或许就是作为方国的"古燕国"名称。"妟国"是北方地区臣属于商王朝的一个小小方国。妟国灭亡的时间，大约是在商末周初。《史记·燕召公世家》中说道："周武王之灭纣，封召公于北燕。"看来，周武王在灭商之后，为了加强北方地区的统治，才将召公分封在这里。召公被封于燕后，以地名为国号，沿用俗称，将自己所建的国家称作"燕国"，这就是西周时的燕国了。

此后，在古文献中再也不见有关"晏国"的记载。这或许说明，晏国已经成为西周武力征服过程中的牺牲品了。

其实，最令我感兴趣的，是位于平谷区刘家河村的商代大墓。从大墓发掘出土了四十多件器物，以造型精美的金、铁、铜器闻名于世。这些文物，被考古学家誉为"北京地区商代文物的瑰宝"。其中的一件铁刃铜钺，是采用天然陨铁加热后进行锻造，再用青铜浇铸而成。这可是我国最早使用铁的证据之一。刘家河大墓，应该属于商代的某方国首领，而这个方国究竟是哪个？它与古燕国又有着怎样的关系？让我们等待谜团被揭开的那一刻吧。

西周时代的燕国历史，绕不开的"琉璃河"

自从西周分封诸侯之后，一个新的燕国在琉璃河大地上出现了。这个燕国的主人，是西周王室中最有地位的召公。他与同族兄弟周公，一个负责镐京的事务，一个负责洛邑的事务，以河南省最西部的陕县为分界点。至今，那里还有一块"分陕石",石头以西是陕西;石头以东则是陕东。至于这两位重臣的分封地,则都在陕东地区。召公家族被分到燕地,周公家族则被分到鲁地。这两个地方看上去距离周王朝的都城都不近。当时的燕地并不算富庶的区域,但它的地理位置十分重要,是东北地区少数民族南下的交通要道。对于中原王朝来说,燕地的确算得上是镇抚边鄙、捍卫王室的关键所在。周天子之所以要将召公封在此地,也是因为这个家族值得信赖。

实际上,召公本人并未来到燕地,他让自己的长子成了燕国国君,其嫡系后代继承诸侯爵位;召公的次子则留守在周天子身边,继承召公在朝廷的官职与俸禄,其嫡系后代也一直继承下去。

作为召公家族治下的燕国,"鸠占鹊巢"地拥有了琉璃河的一片城址。这片城址的占地较为广阔,规模宏大,内涵非常丰富,绝非一般部族聚落可以与之相比。如果你是头一回来,甚至会搞不清城址的具体位置。

琉璃河商周遗址面积约为5.25平方公里,京广线从中穿过。整个遗址分为居住址、墓葬区和古城址三个部分,

第二章 两周分封制度在燕地

目前只有一小部分得以发掘。1988年，这里被公布为第三批全国重点文物保护单位。

之所以把这里归为商周遗址，是因为在遗址中发掘出来的墓葬，可分成商代和西周两个时期：在西周的墓葬中，时代最早的是周成王（前1043—前1021在位）前后。根据《史记》记载，周武王在位时间颇短，仅有两年左右（前1045—前1043），而琉璃河遗址中所发掘出土的器物是从周成王时代开始的，这基本上符合"周初封燕"的大致时间。在遗址中，集中出土了一大批贵重的西周青铜器。尤为重要的是，在这里出土了很多带有"匽侯"铭文的铜器。比如，伯矩鬲、复尊、复鼎、攸簋、堇鼎等。也有铜兵器上带"匽侯"铭文的。还有匽侯舞戈、匽侯戈、匽侯舞昜等铭文。目前已经可以确定，所谓"匽侯"即"燕侯"。这些青铜器中的绝大多数都被首都博物馆和国家博物馆收藏，琉璃河商周遗址博物馆中也有一些青铜器和复制品。

被岁月掩埋的燕都蓟城，究竟在哪里？

燕国的都城，并不是一直没换过地方。进入春秋时代（前770）前后，燕国消灭了距它不远的蓟国，这也算是再度"鸠占鹊巢"吧。"鸠"是燕国，"鹊"则是周武王褒封黄帝后裔所建立的蓟国。著名考古学家王光镐先生告诉我，自黄帝部落先后打败炎帝部落、蚩尤部落之后，就一直生活在河北涿鹿至北京一带，经历了千百年时间。到了周武王伐纣的时候，黄帝后裔所建立的蓟国，已经成为而今北京境内首屈一指的大国。商周两代统治者是不会小觑这样一个国家的。

蓟国的都城蓟城在哪儿？其实，它就在北京城区之内。依照北京文史学者朱祖希老师的判断：蓟城的范围，西起今天的会城门、北蜂窝一线，东至牛街、右安门内大街一线，东西长约3000米。北起头发胡同一线，南至北京外城的南城墙（也就是南二环）一线，南北长约4000米。

这座燕国的都城，从春秋时期一直使用到战国末年。很多人将河北易县的燕下都当作燕国的都城。其实，燕国诸侯只把都城外迁过一次,那就是"桓侯徙临易"。除此以外,燕国的都城就没改变过。可惜,这座贯穿了整个东周时代的燕都,居然消失得无影无踪了。1961年国家公布的第一批全国重点文物保护单位中,有关"战国七雄"的都城遗址分别有齐国临淄遗址、楚国纪南城遗址、韩国新郑遗址、赵国邯郸遗址,以及代替燕国蓟城遗址的易县燕下都遗址。到了1988年公布第三批全国重点文物保护单位的时候,秦国雍城遗址、秦国咸阳城遗址入选。这样一算,至少有五个诸侯国的都城遗址被找到并被当作宝贝。令人遗憾的是,燕国蓟城遗址与魏国大梁城遗址(或许深埋于开封城底下),至今还下落不明。

既然找不到蓟城,春秋战国时代的燕都,不是还有一座"临易"吗?但很可惜,这座临易也没找到。不过,根据历史学家推测,临易的大体位置,应该就在现在的雄安新区。当初为何要迁都临易,或许与山戎(山戎的墓地就在北京延庆区,其中最大的一处占地超过2万平方米,共有墓葬350余座。在北京地区发现的青铜时代北方少数民族文化遗存中,是规模最大、年代最早、文物最丰富的一处）的侵袭有关。而出面帮助燕国打败山戎的，居然是"春秋五霸"之首的齐桓公小白。

话说春秋初年，活动在燕国北境的山戎人大举入侵中原，燕国当然首当其冲。无奈之下，燕桓侯（前697—前691在位）南迁至临易，大概就是要躲避山戎的侵扰。燕桓侯死后，他的儿子庄公继位。燕庄公在位时（前690—前658），山戎又来侵燕。走投无路的燕庄公，只好求助齐桓公。一心想主导各诸侯国事务的齐桓公，决定北伐山戎以救燕。他的军队确实很会打仗，一直追敌到孤竹国才回返。当齐桓公回国时，燕庄公长途相送。这件事在《史记·齐太公世家》中是这样说的："燕庄公遂送桓公入齐境。桓公曰：'非天子，诸侯相送不出境，吾不可无礼于燕。'"于是送给燕庄公一大块齐国的土地，把庄公感动得痛哭流涕。这件事过后，齐桓公实际上已获得霸主的地位。

又过了很多年，当蓟城不再作为都城的时候，也是秦王嬴政派兵进攻燕国的日子。那一年，是燕王喜二十九年（前226）。四年后，逃亡辽东的燕王喜被秦国将领抓获，燕国最终灭亡。

第三章

西汉『郡国并行』的见证
大葆台与老山汉墓

历史名词

秦朝郡县制
秦末农民起义
楚汉之争
西汉建立
西汉『郡国并行』制度
汉武帝『推恩令』

第三章　西汉"郡国并行"的见证

位于北京市丰台区境内的大葆台汉墓已经关闭好久了。这座汉代大墓是除皇陵之外,北京地区规模最为庞大的一座墓葬。西汉时代推行的"郡国并行"制度,便可用这座大墓来印证。

大葆台汉墓的发现纯属意外。1974年,北京东方红石油化工厂正在找寻一处适合埋藏深层储油罐的地点。在地质人员进行前期勘测的过程中,居然从土层深处挖出了木炭、白膏泥与铜钱。这些老物件,在外行人看来并不值钱,但它们却是极具文物价值的,尤其对于见识了长沙马王堆汉墓出土文物的专家而言。

提到大葆台汉墓,就得聊聊汉初的"郡国并行"制度。而谈"郡国并行"之前,咱们先来说说秦代的北京是什么样的。打开侯仁之先生主编的《北京历史地图集》,你就会发现,在北京的区域内,秦朝曾经设立过(或涉及)三个郡:北京城现在的中心区域,以及大兴、房山等西南部郊区县,均属于广阳郡;门头沟、延庆、昌平等偏西的郊区县,属于上谷郡;而通州、平谷、密云、怀柔等北京东部郊区县,则归于渔阳郡的范围。在司马迁《史记·陈涉世家》中，有一句"二世元年（前209）七月，发闾左适戍渔阳，九百人屯大泽乡"。这里的渔阳，就是如今以怀柔区梨园庄为中心的渔阳郡。从目前的出土文物来看，属于秦代北京地区的老物件并不多。这倒也正常，毕竟秦朝的存在时间只有十五年。对于时间老人而言，不过是眼睛一睁一闭的事。

陈胜、吴广的大泽乡起义，搅得天下不得安宁。大秦帝国在腥风血雨中逐渐走向崩溃。与此同时，被秦消灭掉的东方六国又重新出现，历时不太久的新"战国时代"开始了。到了汉元年（前206），赵高杀掉秦二世，将大秦帝国改回秦王国。秦国末代的统治者嬴婴在杀掉赵高之后未久，便是以诸侯王而非皇帝的身份向刘邦军队投降的。此后，中国历史进入了为期四年的"楚汉争霸"阶段。这时候的天下，与周朝实行分封制时的天下区别并没有多大。分封诸侯的权力暂时由楚王项羽来掌握，而那些被分封的诸侯，却是各家各姓，少有血缘关系。

此时的北京地区，先后出现过三位异姓诸侯王。第一位，是以邯郸作为中心的赵王武臣；第二位，是从武臣营

第三章 西汉"郡国并行"的见证

垒中独立出来,在蓟城做燕王的韩广;第三位,则是由项羽分封的燕王臧荼。尽管刘邦于汉五年(前202)称帝后继续承认臧荼的燕王地位,但臧荼心里明白,自己曾经是项羽的属下,而项羽和刘邦是不共戴天的仇敌。不久后,臧荼叛汉造反,汉高祖刘邦率领樊哙、郦商、周勃、灌婴、张苍、陈平等一批文臣武将,浩浩汤汤地征讨臧荼。大军一到,臧荼被俘,燕地平定。随后,刘邦安排了第四位异姓王卢绾。要说起来,作为刘邦发小儿的卢绾原本是刘邦逐一消灭异姓王过程中可以依靠的政治盟友,但当其他异姓王陆续被消灭,卢绾的地位就岌岌可危了。汉高帝十二年(前195),有人告发卢绾谋反,刘邦随即召卢绾进京(长安)。卢绾不敢去,继而又遭到刘邦派来的官员的逼问,于是干脆称病不出。卢绾曾对亲信们说过:"非刘氏而担任王侯职务的,只有我与长沙王了。去年春天,淮阴侯韩信被杀了;去年夏天,彭越也被杀了。这都是吕后(刘邦的皇后)的计策。吕后这个妇人,专门找碴儿来诛杀异姓王与大功臣。"卢绾拒绝来朝,刘邦大怒,先后派樊哙、周勃攻打燕国。在战争的最后阶段,汉高祖刘邦病死在长乐宫中。

刘邦去世前把燕国的诸侯之位封赐给自己的儿子刘建。从此,"非刘氏不王"的燕国诸侯之位,开始在刘建的后人手里传递,直到汉武帝元狩六年(前117)燕国被除国。后来,燕国又曾恢复,但新封的诸侯已不再是刘建后裔,而是汉武帝的儿子刘旦。而刘旦的燕国,也只存在于他这一辈。及至汉昭帝元凤元年(前80),燕国最终被除国。再往后,便是汉宣帝本始元年(前73)的重新分封。取代燕国的,是广阳国。新受封的广阳国主之位,则在末代燕国国王刘旦的后辈中传递,直到王莽建立新朝。

倘若打开西汉与东汉的历史地图,你就会发现汉代"郡国并行"是如何演变的。

西汉时期的北京地区,由渔阳郡、上谷郡、涿郡(房山区的部分地区归入)与广阳国组成;到了东汉时期,广阳国被广阳郡所代替,且范围有所扩大。

广阳国的政治中心在哪里?它的古城遗址大致在如今房山区长阳镇广阳村附近。之所以选择这里,是因为此地是北京平原地区的重要交通孔道。

大葆台汉墓与老山汉墓的主人究竟是谁？

这里要讲的大葆台汉墓与老山汉墓是谁的安葬地呢？

当我来到大葆台汉墓博物馆的时候，最令我感到震撼的就是这座大墓的形制。至于墓中的陪葬品，由于被盗等原因，极精美之物并不多。大墓的形制是什么样的呢？你知道一个叫作"黄肠题凑"的词吗？它是汉代陵墓建筑中地宫（玄宫）建制的一种形式，也是西汉王朝一种级别很高的葬制形式，一般只有天子和诸侯王以及他们的妻子，或是皇帝特许的极个别宠臣才能够享用。

"肠"指柏木的芯，因为柏木的芯是黄色的，故曰"黄肠"；"题"是额头，也指木头的一端；"凑"为摆齐的意思。"题凑"，是指将成千上万根木头的端头都朝内垒筑在椁的四周，起到防潮和承重的作用。而之所以称为"黄肠题凑"，是指"题凑"所用的材料为去皮后的柏木芯。柏木是我国特有的上等名贵木材，这种形制自然奢侈。汉代的帝王、诸侯在修建陵墓时，之所以钟情于柏木，就是因为其材质优良，耐水湿，防腐蚀性强，再加上柏木特有的香气，可以保护棺木不受损坏。

秦汉两代厚葬之风盛行，上至皇帝，下至诸侯，都不惜斥巨资修筑陵墓。正因如此，到了西汉末期，柏木这样的名贵木材已经非常匮乏。随着东汉时期兴建石室墓和砖室墓之风的兴起，真正的西汉"黄肠题凑"墓逐渐退出了历史舞台。根据《文献通考·王制》中记载："汉法，天子即位一年而为陵，天子贡赋三分之一供宗庙，一供宾客，一供山陵。"由此看来，修建王陵确实是会掏空国库的一件大事。但令人感到惊诧的是，无论从墓葬的建筑用料，还是墓室的建造布局来看，大葆台汉墓的一号大墓都是依照"天子葬"的墓葬形制修建的。按照古代文献中的说法，"天子棺椁七重，诸侯五重，大夫三重，士再（两）重"。而大葆台汉墓是五棺二椁，这加在一起正好七重。经过考古专家鉴定，在五层棺木中，除了二层为比较普通的楸木外，其余三层大多是用名贵的楠木打造的。至于二椁，就是前面说到的"黄肠题凑"那部分。由此可见，大葆台汉墓中躺着的诸侯王，竟然敢僭越天子之制来修建王陵，这胆子可是够大的。

第三章 西汉"郡国并行"的见证

尽管在大葆台汉墓中，没有出土河北满城中山靖王刘胜夫妇墓葬中那样较完整的金缕玉柙，但这里出土的玉器在类型以及雕刻制作工艺等方面，都有很高的艺术价值。在墓中发现了玉柙片，基本可以断定墓葬的主人是盖着玉柙入葬的，这是当时只有天子和诸侯才能享用的葬具。至于是不是金缕玉柙，目前还无法判断。

这样一座诸侯墓，最有可能是谁的呢？研究者将目光对准了汉武帝的儿子刘旦，以及刘旦的儿子刘建。

咱们先来聊聊刘旦，他是怎样一个人呢？根据《汉书》中记载，刘旦"为人辩略，博学经书杂说，好星历数术倡优射猎之事"，看来他是什么都喜欢，什么都会一点。他年长就国，喜好招揽各种人才。刘旦做诸侯的三十八年间，不时有僭越天子礼制的行为。《汉书》等文献中记载了燕王刘旦所建宫殿的豪华程度：燕王宫有宫城，宫城内建有朝宫，名叫"万载宫"；有朝殿，名曰"明光殿"。燕王刘旦经常召集群臣和姬妾，在万载宫内饮酒作乐。此外，蓟城之内还驻屯着刘旦的军队，设有铸造铠甲、兵器的作坊。若皇帝多个耳目，多个心眼儿，定会毫不犹豫地认为这属于图谋不轨的举动。

其实，刘旦的确有图谋不轨的打算。汉武帝在位的后期，由于戾太子被废并惨死，使得刘旦有了被立为太子的念头。但是，立谁为太子，是武帝乾纲独断之事，岂容他人说三道四。当武帝发现刘旦有觊觎帝位之意后，便不再恩宠他。后元二年（前87），汉武帝病死于巡行途中，临终前下遗诏：立年幼的刘弗陵为太子，任命霍光为大司马、大将军，金日磾为车骑将军，上官桀为左将军，桑弘羊为御史大夫，共同辅佐太子。年幼的太子即位，这就是汉昭帝。昭帝即位之初，燕王刘旦就勾结中山哀王之子刘长、齐孝王之孙刘泽等人密谋篡位。因阴谋被告发，汉昭帝始元元年（前86）刘泽等人被杀，燕王刘旦免于一死。但是，刘旦内心深处并未感念昭帝的不杀之恩。昭帝元凤元年（前80），他又与盖长公主、上官桀、桑弘羊（后两人是嫉恨霍光独揽朝政，从而让自己手中的权力丧失）等人相勾结，阴谋造反。但最终阴谋还是被揭穿，上官桀、桑弘羊等人被杀，盖长公主自杀而亡。不久，昭帝派使者向燕王刘旦下赐死诏书。

第三章 西汉"郡国并行"的见证

对于这样一个被赐死的诸侯而言,还能拥有一座"僭越礼制"的大墓,并不能得到大多数人的认同。与此同时,根据前面提到的史料记载,刘旦"博学经书杂说,好星历数术",如果大葆台汉墓的一号大墓真的是刘旦之墓,墓葬中很可能出土大量的"经书杂说,星历数术"方面的简牍帛书。但遗憾的是,这些随葬品都没有找到。因此,大葆台汉墓是刘旦之墓的说法,就有点不太可信了。

燕王刘旦死后,他的儿子刘建也被贬为平民,燕国国除。到了本始元年(前73)汉宣帝继位,复封刘建为广阳王。因此,有很多专家学者倾向认为,大葆台汉墓应该是广阳王刘建之墓。或许,在未来的某个时刻,我们能确定墓主人的真实身份吧。

在距离大葆台汉墓并不算近的石景山区老山,也就是首钢小区的身后,另有一座汉代大墓。有点可惜的是,这座大墓被发掘的时候,里面的文物已经所剩不多了。尽管如此,墓中出土的器物依然彰显出西汉王朝的盛世风华。这座大墓也采取了"题凑"形制,只不过是栗木"题凑",但毕竟体现了墓主人(有遗骨留存)的高贵身份:一位诸侯王的王后。而这位王后究竟是谁的夫人呢？一些历史学家将目光对准了广阳穆王刘舜或广阳思王刘璜，也就是刘建德子、孙。此二人在位的大致时间，是汉元帝初元五年至汉哀帝建平四年（前44—前3）。那时已处于西汉末年，两位广阳王也算广阳国的倒数第三代、第二代诸侯了。当然，更多的历史学家认为：老山汉墓就是传说中的戾陵。而此陵中所埋葬着的，正是燕王刘旦。

这种想法，来自北魏时期郦道元在《水经注》里"刘旦戾陵在梁山"的记述。根据专家的考证，汉代的梁山，大体就是现在的石景山。老山与石景山之间相去不远，在石景山附近没有发掘出汉代大墓的前提下，老山汉墓很有可能就是刘旦的埋葬之地。目前发掘出土的女性墓主人，大概是刘旦的夫人。这两种说法到底哪个对呢？咱们还是等待专家们给出的最终结论吧。

第四章

燕京大地上的后汉三国英雄谱

寻找汉魏遗迹

历史名词

曹操
袁绍
刘备
官渡之战
曹操统一北方
魏灭蜀国
西晋建立

第四章 燕京大地上的后汉三国英雄谱

距离北京地区最近的三国人物故里

你可曾想过，后汉三国时代的几大政治集团：董卓集团、袁绍集团、曹操集团、刘备集团、孙权集团、吕布集团、刘表集团、刘璋集团、张鲁集团等，谁与北京地区的缘分最深？或许是曹操集团吧，毕竟幽州地区属于曹魏的管辖范围。这话说得没错。但自小就生活在幽州附近的，又是谁呢？曹操是安徽亳州人，董卓是甘肃岷县人，袁绍是河南商水人，孙权是浙江杭州人，吕布是内蒙古九原人（也有说是陕西绥德人），刘表是山西高平人，刘璋是湖北潜江人，张鲁则是江苏丰县人。这些人的出生地，都与幽燕大地有些距离。再看看刘备，他是河北涿州（东汉时期属于涿郡，此后改称范阳郡）人。刘备出生的楼桑村，距离北京的广安门不过六十多公里，驱车也就一个小时左右的路程。刘备的两个追随者：关羽是山西运城人，张飞是河北涿州人。其实，刘备的师父卢植，也是河北涿州人。由此看来，"蜀汉"英雄的出生地，距离北京城并不算远啊。

咱们先来聊聊刘备、张飞与卢植的故里吧。

将刘备视为中山靖王刘胜的后代，多少有些值得怀疑，但汉献帝以官方名义承认了，咱们也就不便多说什么。在刘胜去世三百多年之后，估计他的嫡系后代都已然湮没于历史的长河中。而刘备这个中山靖王旁系的旁系的旁系，能以"贩履织席"为业，那就显得很正常了。尽管刘备的爷爷有过一定社会地位，被以孝子的名义推荐为官，并且是东郡范令（今河南省濮阳下辖的范县县长），但刘备的父亲死得早，所以刘备自幼生活艰难。

好多年前，我跑到楼桑村，想去找寻刘备青少年时代的遗迹。然而，唯一能证明刘备曾生活于此的三义宫，就只剩下一座山门，据说是清代以前之物。其他建筑及室内雕塑，皆为重新建造的。

距刘备的出生地不远，便是张飞故里了。而今张飞家中还剩一口老井，叫作"张飞井"，据说是元明时代的。井前有片种满桃树的园子，名曰桃园。于桃园里，曾经上演过一出老哥仨举觞豪饮、歃血为盟的大戏。这在《三国演义》的故事中，便是名段"桃园三结义"了。在张飞的老家，还有座假坟，据说埋着张三爷的灵魂。古人身首异处，已经是极严厉的刑罚了，但那不过是三五百米的距离而已。而张飞的身首却相距千里，魂魄更是远隔三千多里。这得惨到什么份儿上？其实，关羽亦如此，据说头在河南洛阳，身在湖北当阳，魂在山西运城的解州。可惜刘备的这两个兄弟啊。

由于刘备出身皇室宗族，所以大汉王朝对他是要照顾的。于是，刘备自幼便有了读书的机会，而且是跟着涿州最有名望的卢植先生读书。卢植学问很大，在唐代曾享陪祭孔庙的殊荣；卢植的官位也高，在汉灵帝时代，曾做到尚书之职。

汉末群雄逐鹿，幽州烽烟四起

聊了大半天涿州，咱们还是把视线转向北京。东汉末年，也就是黄巾起义爆发前后，作为皇室宗族的刘虞，被汉灵帝先后任命为幽州刺史、幽州牧。此时的中原大地，正经历着一场突如其来的大混乱。刘虞是个爱民如子的好官，他治下的幽州地区太平无事，以致华北各地的民众纷纷逃难而来。到了献帝初平二年（191），袁绍与冀州牧韩馥及山东诸将，打算立刘虞为主，"行天子事"，但被刘虞拒绝。不仅如此，刘虞还派人赶到董卓势力范围内去觐见汉献帝，以表忠心。当然，刘虞忠于汉室，并不是顺从董卓。但他不仅斗不过董卓，就连自己的属下公孙瓒也斗不过。刘虞的最终结局，是被公孙瓒率军追杀于居庸县（今北京昌平区内）。待抓住刘虞夫妇后，公孙瓒向朝廷上奏，说刘虞此前曾与袁绍共谋"欲称天子"，同时将刘虞夫妇斩首于蓟城的市场上。接着，公孙瓒利用手中兵权，尽占幽州之地，成为东汉末年割据一方的军阀。

公孙瓒除掉刘虞后，行为越发横行无忌。当时幽州频遭旱灾、蝗灾，谷价昂贵，而公孙瓒丝毫不存恤幽州百姓。市场上的储谷已卖到一斛（十斗或五斗）数百万，公孙瓒却依然挥霍如故。对于幽州的读书人，公孙瓒也多施横暴，凡名声在其上者必设法加以谋害。这样一来，公孙瓒在幽州的统治，不但遭到百姓的痛恨，而且也逐渐丧失了士人、官僚及豪强地主的支持。

汉献帝建安三年（198），袁绍自冀州举兵攻打公孙瓒。公孙瓒部将闻风而降，袁绍军直抵幽州城下。公孙瓒守城失败，很快被消灭，袁绍从此据有幽州。不久之后，发生了袁绍与曹操之间的官渡之战。袁绍战败，随后病死。他的儿子袁熙把守幽州城，但又被曹操打败。至建安十二年（207）五月，曹操发兵北击乌桓，此时的袁熙已败走辽东。辽东太守公孙康斩他的首级以送曹营。十一月，曹操军还至易水，最终得到了幽州城。志得意满的曹操曾经赋诗一首表达自己的心情："东临碣石，以观沧海。水何澹澹，山岛竦峙。树木丛生，百草丰茂。秋风萧瑟，洪波涌起。日月之行，若出其中；星汉灿烂，若出其里。幸甚至哉，歌以咏志。"

幽州到手了，曹魏王朝寻思着分封给自己的皇室子弟。曹操总共有二十五子，幽州地区到底归了谁呢？答案很快就有了！曹操侧室所生的曹宇，于明帝太和六年（232）被封为燕王。这个曹宇，在历史上毫无名气，但他的儿子曹奂，却于甘露五年（260）被迎立为帝，是为魏元帝。就是这位魏元帝,在位仅五年之后,便正式禅位给司马炎,他也就成了曹魏政权的最后一任皇帝。或许是比较顺从的缘故,被降级为陈留王的曹奂,死后还被追谥为"元皇帝"。

与曹奂同样归顺的,还有"乐不思蜀"的后主刘禅。蜀汉被灭,刘禅成为安乐县公,"食邑万户,赐绢万匹,奴婢百人,他物称是"。说来也巧,安乐县就在如今北京顺义城区西南的古城村北,曹魏时期属渔阳郡。

曹魏时期的"水利精英",记住马钧还不够

在曹魏时期幽州城内生活过的人物中,刘靖父子是不能不提的。嘉平二年(250),镇北将军刘靖在幽州开拓边地,屯据险要。为了解决军粮不足的困扰,刘靖曾组织军士千余人,在今天的北京西郊"修戾陵渠大堨(即堰、坝)",引永定河水灌溉,"水溉灌蓟(城)南北;三更种稻,边民利之"。由于戾陵渠大堰因"戾陵"而得名,所以称它"戾陵堰"。

第四章　燕京大地上的后汉三国英雄谱

根据郦道元在《水经注》中有关记载,大致可推断戾陵堰位于石景山附近。当时的石景山名叫"梁山"。刘靖"修戾陵渠大堨",就是在永定河河道上筑堰坝,分别引水沿开凿的车厢渠(以两岸陡峭山壁,状似车厢而得名),灌入高梁河,使之东去灌溉蓟城以北的农田;永定河水主流则仍经蓟城之南,故称"水溉灌蓟城南北"。

工程完毕之后,每逢山洪暴发,洪水可以从堰顶漫过,沿下游河道东去;平时则从北侧水门注入高梁河以浇农田,每年可浇灌两千余顷。蓟城附近的农民有了充足水源,便"三更种稻"。所谓"三种",就是指种植黍、稷、稻三种作物。

戾陵堰、车厢渠可是北京历史上有记载的最早的一项大规模水利工程,对北京古代农业发展有深远影响。对此做出重大贡献的刘靖,在竣工后的第五年,即嘉平六年(254)病逝于幽州。

就在刘靖去世四十年之后,晋惠帝元康四年(294)二月和八月,幽州上谷地区先后两次发生强烈地震。这两次地震破坏了戾陵堰的基础,加上夏季降雨集中,元康五年（295）六月，戾陵堰终于被洪水冲毁。当时，镇守幽州的正是刘靖少子刘弘。刘弘小时候与晋武帝司马炎同居洛阳永安里，有同窗之好。元康四年（294），刘弘被任命为宁朔将军、假节、监幽州诸军事，出驻幽州。据说，刘弘在幽州威德并施，寇盗绝迹。戾陵堰被冲毁后，刘弘亲临山川，指授规划，仅用五六个月，就恢复了戾陵堰、车厢渠的功能。

如此看来，后汉三国的英雄谱中，不仅需要曹操、刘备这样的"大人物"，刘虞、刘靖、刘弘等"平凡人物"也是不可或缺的。

第五章

从『八王之乱』到北魏孝文帝改革

华芳墓、北魏太和造像及其他

历史名词

『八王之乱』
『五胡十六国』（前燕）
北魏统一北方
北魏孝文帝改革
北朝雕塑造像

第五章 从"八王之乱"到北魏孝文帝改革

串联起"八王之乱"与"五胡乱华"的人物

魏晋南北朝的中国，正处在社会大动荡时期。若说"民族大融合"，那是我们这些后辈人在时隔千余年之后的回眸。如果民族之间真能融合，也是充满了血和泪的一个痛苦过程。在这动荡的三百多年里，值得镌刻在北京历史的大事铜板之上的，并没有太多。依我看来，西晋的华芳墓、前燕的建都幽州、北魏的太和造像和北齐长城，可以说是最有讲头儿的内容。咱们先聊聊前面三个。

华芳是谁？听起来像是个姑娘的名字。没错，她就是位女性，而且还是一位显贵夫人。她的丈夫，是西晋时期的显贵王浚。王浚，是通过一场战争发迹的，而这场战争，就是发生在永兴元年（304）的"八王之乱"。

"八王之乱"刚发生的时候，王浚还籍籍无名，但他发现可以从战争中捞取好处。于是，王浚率领北方少数民族鲜卑、乌丸的军队杀了几个来回，大获全胜。在武力决定一切的年代，王浚便成了幽州地区的主宰。

小时候的王浚，无论是家庭生活，还是在外打拼，都受尽了欺辱。待他控制了整个幽州，便开始大肆搜刮民众财富，似乎是要补偿自己以前的缺失。这样一来，幽州地区的老百姓就倒了大霉。尽管处于和平时期，百姓们的生活甚至还不如战争之中。

王浚还是个喜怒无常、过河拆桥的人。大权在握之后，他对曾经与自己出生入死的弟兄们非打即杀。西晋怀帝永嘉六年（312），王浚自封为幽州王，称王之后，他的气焰更加嚣张，连昔日盟友鲜卑、乌丸的贵族们都难以容忍他，最后甚至反目成仇。

王浚的下场可想而知，他是被羯族大将石勒杀死的。五胡（匈奴、鲜卑、羯、氐、羌等五个内迁的北方少数民族，被中原民众称之为"胡人"）十六国时代亦由此开篇，幽州城深深陷入了战争的泥潭之中。别看王浚的名气不大，但与他有关的两件事："八王之乱"和"五胡十六国"，都是咱们知道的。

王浚死后尸骨下落不明，但他的夫人华芳先他一步离世，得以享尽哀荣。

华芳之墓是1965年在地铁施工过程中被发现的，就在石景山区的八宝山革命公墓以西约500米处。据说，此墓修建得相当坚固。可惜，王浚的如意算盘落空了。当考古人员打开华芳墓时，发现墓已经被盗了。华芳夫人的棺木歪歪斜斜地倒在地上，尸骨不见踪迹，也许是被盗墓人拖出棺木，扔在地上，在时光的流逝中化成灰烬了。尸骨不见了,里面的随葬品当然也被盗墓者洗劫殆尽，考古人员只发现了几件残留的文物。这些文物中最有价值的，就是华芳墓志铭。这是一块用青石制成，总共刻有1630个字的墓志铭。这些文字不仅反映了西晋的政治制度，还为今天研究北京历史的学者提供了相当珍贵的资料。墓志铭中有"假葬于燕国蓟城西二十里"的文字记载,虽然里面提到的距离只是约略的数字，但对探寻蓟城的地理位置提供了价值很高的依据。若以西晋时期的尺度来推测，今天北京西站附近的会城门一带，就应该是当时蓟城西城门的位置。许多年前，在白云观西侧的一片被称作"蓟丘"的地方，人们发现了呈西北方向转角的夯土城墙，墙土下还压着三座东汉末年的砖室墓。这说明此城墙的修建年代应该晚于东汉，很有可能就是当时西晋时期的蓟城城墙。

华芳墓残留的随葬品很少，但相当珍贵。这些出土的文物包括银铃、象牙尺、料盘和漆盘，选料精良昂贵，制作精美细致。如果没有被盗，华芳墓里随葬的文物兴许能够填满首都博物馆的一层展厅呢。

华芳去世数年后，华夏大地上纷争不休。这时候，一个由少数民族鲜卑慕容家族所建立的王朝逐渐壮大起来，最终还改变了北京的历史发展进程。

少数民族首次以"北京"为都的那些年

鲜卑慕容家族所建立的政权，名叫燕国。后来的历史学者称其为"前燕"。据史料记载，慕容家族的肤色偏白，所以又被称为"白部鲜卑"。白部鲜卑的首领慕容皝于东晋咸康三年（337）建立燕国，自称燕王。由于势力较弱，为了能取得汉族官僚及士人的支持，慕容皝便以拥戴东晋为号召。到了东晋咸康七年（341），慕容皝迁都龙城（今辽宁朝阳），向东打败夫余及高句丽，随后又攻灭鲜卑宇

第五章 从"八王之乱"到北魏孝文帝改革

文部和段部,从而成为辽西、辽东地区唯一强大的军事集团。

在前面提到的"八王之乱"以及导致西晋灭亡的"永嘉之乱"中,山东、河北的世族往往避难幽州。随后,又因王浚的残暴统治而避入鲜卑慕容部。到了东晋永和八年(352),慕容皝的儿子慕容儁登基做皇帝,并正式定蓟城为前燕国都。永和九年(353),慕容儁册立了皇后和皇太子,且让他们从旧都龙城搬到蓟城皇宫中。与此同时,大量鲜卑兵民与贵族也奉旨徙入蓟城。这一年,正好是东晋大书法家王羲之组织"曲水流觞"的文人雅集,进而写出《兰亭集序》的时间。

慕容儁定都于蓟,在蓟城建太庙、修宫室。其宫殿沿用战国时燕昭王宫殿旧名,称"碣石宫"(跟曹操诗中所提的"东临碣石,以观沧海"可不是一个地方)。

慕容儁迁都蓟城,本来是促进民族间融合的好事。然而,这也导致了鲜卑贵族的迅速腐化。待到东晋升平元年(357),慕容儁不顾国力疲弱,急于出兵东晋,并向西进攻前秦。在此背景下,他决定从蓟城再次迁都,到达昔日曹操的根据地邺城。三年之后，一事无成的慕容儁病死。又过了十年，前秦终于把前燕消灭了。

从352年至357年，蓟城作为前燕国都的时间总计有五年。别看时间不长，前燕的名气也不大，但这毕竟是北方少数民族第一次在北京地区建立的政治中心，在北京历史上产生了较为深远的影响。

时隔不久，由于遭到北魏开国皇帝拓跋珪的追杀，后燕皇帝慕容宝也将都城从中山（今河北定州）临时迁至蓟城，打算最终逃往龙城。结果，拓跋珪的军队一路杀来，不仅攻破蓟城，还追到蓟城东部的夏谦泽（昔日永定河与潮白河交汇而成的湖泊，包括如今通州东部，河北三河、大厂、香河等在内的大片地区）。最终，拓跋珪大军被奋起反抗的后燕军队打了个大败，仓皇南退。

蓟城中的梵音

鲜卑人不仅建立过前燕、后燕，他们还建立过更为强

第五章 从"八王之乱"到北魏孝文帝改革

大的北魏。只不过，前燕、后燕的开创者都是鲜卑族慕容部，而北魏的建造者则是鲜卑族拓跋部。

拓跋部占据蓟城，是北魏皇始三年（398）拓跋珪定都平城（今山西大同）即位当皇帝之后的事。拓跋珪便是历史上赫赫有名的北魏道武帝。到了皇始四年（399）十二月，燕郡太守高湖投降北魏，蓟城从此进入了北朝时代。所谓"北朝"，一般指的是北魏、东魏（西魏）、北齐（北周）统治时期。在首都博物馆的佛教造像展厅内，矗立着一座体量巨大的佛造像，被称作"北魏太和造像"。这尊造像的出处，是海淀区凤凰岭的车耳营村。在位于五塔寺的北京石刻博物馆中，存放着这尊造像的复制品。绝大多数时候，参观者也搞不清楚首博与五塔寺内的两尊造像到底哪尊是真、哪尊是假。

说来也是种巧合，北魏太和造像的雕刻时间是孝文帝在位的太和二十三年（499）。此时正好是蓟城归属北魏一百周年，同时也是北魏孝文帝去世的当年。这样一尊巨大精美的造像，或许就是依照孝文帝的模样来雕凿的吧。

北魏拓跋氏接触佛教的时间并不算早，中间还经历了太平真君六年（445）时达到顶峰的北魏太武帝灭佛运动。到了北魏文成帝、献文帝、孝文帝时期（452—499），佛教才在北魏的统治区域内兴盛起来。举世闻名的云冈石窟（位于今山西大同市西北）、龙门石窟（位于今河南洛阳市南）、万佛洞（位于今辽宁义县）等，都创建于北魏时期。此外，著名的敦煌石窟与麦积山石窟的兴盛时期，也开始于北魏。如此说来，北魏时期的蓟城，寺庙僧侣也一定不会少。

蓟城在地理上三面环山，清泉纷涌，城郊有很多风景胜地。佛教僧侣大多选择山林清幽的地方建造庙宇。其中流传至今的，便是位于北京城西七十多里的门头沟区潭柘寺了。寺建于深山之中，因原有龙潭、柘林，故称"潭柘山"，寺随山而名为"潭柘寺"。潭柘寺历史悠久，北京民间有"先有潭柘寺，后有幽州城"之说。不过，潭柘寺的最初名称，叫作嘉福寺。此外，幽州还有光林寺，也是孝文帝太和年间所创，可惜而今找不到地址了。

回过头来说说太和造像吧。这尊造像是目前北京地区发现的最为高大、精美的北魏佛教造像。它原来的"家"，曾经有座石佛寺。在石佛寺的大殿内,造像安安静静地矗立了许多年。直到民国时期,石佛殿因年久失修几乎塌掉。这时候,正赶上中法大学的主要创建者李石曾等人前来游历。1927年,众人按照山东济南附近的历城四门塔形式,再结合欧式风格,共同出资为佛造像修建了一座正方形的尖顶石亭。为了避免因移动而伤到石佛,决定将石佛留在原地。时间又过了七十年,一群盗宝者居然把石佛砸碎盗走。待追缴回来,政府决定让石佛进驻更加安全的博物馆内。希望这尊多灾多难的石佛,能继续着它的那份静谧安详。

第六章

海拔最低的北齐长城

探寻一段颇受质疑的古迹

历史名词

燕国长城
秦长城
北齐长城
明代长城

第六章 海拔最低的北齐长城

一半夯土筑,一半砖石垒的长城史

只要提及长城,世人想到的大多是那些修筑在山岭之上、险峻且宏伟的砖石城墙。这样的城墙,一般都是明代以后才广泛出现。此前,无论是一座城池的围墙,还是连绵不断的边墙,其建筑材质基本上都为夯土或石块。这样的城墙,于北京域内最为显著者,便是元大都遗址了。

而今,北京辖区内的元代以前城墙遗址,除了残留下来的那一点金中都夯土外,剩下的几乎不为世人所知。这也难怪,曾经的城墙或边墙遗迹,如房山区琉璃河的商周夯土墙、窦店的汉代夯土墙、海淀区清河汉代夯土墙等,皆在城郊游人罕至处,或被大量民宅掩盖起来的地方。这还仅仅是指夯土城墙,至于北京域内元代以前的长城,似乎更容易被世人遗忘。

实际上,自战国时期的燕国开始,在北京境内修筑长城的工程就一直都有。燕国建造的长城,分为南长城与北长城。南长城建在现在的河北省的中南部,目的是防范赵国与中山国;而北长城则是建于现今河北省北部及京津地区，目的是防范东胡。在北京境内的燕国长城估计已经很难找到，普通寻访者即便碰到了，也无法辨认。这些长城的建造年代，是在燕昭王十二年（前300）。它的大体位置，是在北京延庆区、怀柔区慕田峪、密云古北口一带。由于秦代的长城是在燕国长城的基础上添补的，所以确认了秦代的长城，也就等于部分确认了燕国的长城。

此后，北魏时期修建了一些长城，大体分布在现今的北京延庆区与门头沟区，但现在能够找寻到的似乎并不太多。接下来，便是北齐长城。再往后，隋代、辽代、金代、明代都小修小补或大兴大建过长城。北齐的长城，是压在秦代长城身上的；而明代长城，又是压在北齐长城身上。当然，这种前后叠压，也有例外。

在最不可能出现长城的地方寻找长城遗迹

"通州怎么可能有长城？通州的海拔高度，差不多是北京地区最低的了。在海拔最低的地方修个长城有什么

第六章　海拔最低的北齐长城

用？"待我准备去通州寻访古长城遗址的时候，身边朋友的问题如连珠炮般砸来。其实，我也疑惑自己是否去对了。依北京辖区西北高、东南低的地势特点，最没理由建造长城的地方，便是通州区与大兴区了。"这两个区可说是连一座山丘都没有的地方。"朋友陈述完观点，我略略地点了一下头，心里还是认同了。但还是要去看看，据说有区级文物保护单位的石碑在，通州区的文物部门总不会胡乱立碑吧。

某个周末的上午，我来到位于通州区的北齐长城遗址。说来也巧，此遗址就在窑厂村热闹的街巷路口附近。走到文保碑前，我发现自己见到了一座被老式平房所占据的、如村落一般的土坡。这样的土坡在通州区的范围内并不多见。与土坡隔街相望之处，是建成不久的居民小区。土坡的同一侧不远处，则是冯玉祥早年驻兵的"通州兵营"所在地。

游走于北京大地之上的北齐长城

北齐修筑长城,在《北齐书》中是有着明确记载的。而修筑长城的目的,是抵御日益强盛的突厥人入侵。北齐政权的开国时间是在高洋称帝的天保元年(550)。两年后,北边突厥主阿史那土门出兵打败另一强大的少数民族政权柔然,土门遂自称伊利可汗。此后未久,伊利可汗去世,接替他的是木杆可汗(553—572在位)。也就在这个时期,突厥王朝的势力至为强盛,其控制范围东起大兴安岭,西至里海。

与如此强大的王朝做邻居,北齐政权的统治者心里什么滋味,恐怕不必多言了。当然,在突厥新老可汗更替之时,北齐与突厥曾有过一次战斗。根据《北齐书》中的说法,天保四年(553),"(北齐文宣帝高洋)帝自晋阳(山西)北讨突厥"。"(帝)亲追突厥于朔州(山西),突厥请降,许之而还。"看来,此时的博弈,作为中原政权的北齐还略占上风。突厥人的不断骚扰使得不胜其烦的北齐皇帝断然决定,要修筑一条绵长的夯土边墙,用以保卫胜利

第六章 海拔最低的北齐长城

果实。

早在天保三年（552），北齐长城便开始建造。按照《北齐书》的记载，天保六年（555）北齐政权"发夫一百八十万人筑长城，自幽州北夏口（或为北下口，位于今昌平区南口）至恒州（556年前，治所在山西忻州；556年后，移至山西大同。进行转移的原因在于北齐政权收复了晋北一带的失地）九百余里"。若以这段长城修筑完成时的东西至点而论，其大致走向为今日北京北部、河北西北部、山西北部。

此后，北齐政权又于天保七年（556）动工兴修"自西河总秦戍（西河郡的治所，在今山西汾阳。依照《读史方舆纪要》的说法，总秦戍则位于距离汾阳北侧甚远的大同西北，内蒙古清水河县界）至东海（位于今河北山海关附近的渤海），前后所筑，东西凡三千余里，六十里一戍，其要害置州镇凡二十五所"的长城。如今，关于这段长城的发掘整理工作，还存在着很多的疑问。就北京境内来说，天保六年、七年所建造的长城，皆于京北居庸关等地发现了实物。根据罗哲文等学者的论证，此乃北京境内居庸关以东地区首次出现长城的身影。

及至天保八年（557），北齐政权又进行了一次长城的营造活动。根据《北齐书》所载："天保八年，初于长城内筑重城，自库洛拨而东，至于坞纥戍，凡四百余里。"这或可视作北齐时代的"内长城"。关于这段"内长城"的实物，依照曹子西主编的《北京通史（第一卷）》中的推测，大体位于通州、顺义一带。这在1984年于通州区出土的唐代墓志铭文中有明确的表述。按照罗哲文主编的《北京历史文化》一书中的推断，与北京地区相关的"内长城"建造，大致是在北齐河清三年（564）由时任幽州刺史的斛律羡所主持的。（此后，尚有北齐后主天统元年，即565年营造之说。）

北齐长城经过多次修建，连缀成两条主线，一条为北侧的外边墙，自而今山西西北的芦芽山、管涔山向东北延伸，再沿燕山山脉东南方向经北京、天津、唐山市境，进至秦皇岛山海关区境入海。另一条是南侧的内边墙，其西起山西西北偏关一带，经东南方向东入河北省，复沿太行山北上而与外边墙在今北京西北相连。通州一带的北齐长

第六章 海拔最低的北齐长城

城,应为第一条。这条夯土长城,自北京昌平至天津武清,经过如今的通州地区。居中的一段,自西北向东南斜穿通州全境,古称"长城岗"。有的学者分析,这段长城是北齐长城的支线。

北齐长城的营造,在北京地区长城修建史上起到了承上启下的作用。根据文物部门的调查,北京地区的北齐长城,有不少地段覆盖了此前修筑的战国(燕国)至秦代长城。而明长城的若干地段,又是在北齐长城的基础上建造起来的。自北齐以降,北京地区大规模修筑长城的工程渐微,直至八百多年后的明代开国,才又声势浩大地展开。

自北齐长城的修筑,至今已然过去了一千四百多年。我们走访的北齐长城,位于通州旧城南门外的窑厂村,城墙是由黄土夯筑,墙上杂草丛生,墙顶建有民居。据说这条长城现在仅剩眼前的一小段,不仔细看根本无法认出。此长城能够被保留,得益于路县故城由三河县城子村迁回通州今址。由此或可推断,正是因为修此条长城,且经过而今的通州城内,该地的战略位置十分重要,北齐政权才将县城迁到如今的所在。

长城人家的人生记忆

窑厂村北齐土长城遗址，正是因为世代于其上建造民房才幸存下来。而窑厂村里，保留下来的老房子已然不多。待我们探访土长城上的人家时，邂逅一位年过九十的老奶奶。老人家尚且保留着老式的夯土房屋，只是进入屋内顿感光线不足。"我们家这房，不点灯就什么都看不见。"当我问起老人居住于此的年头时，老人说，"日伪时期我们就住这儿，你算算得多少年了。"老人的耳力有些弱，但记忆力却极好，说起话来也是滔滔不绝，"那会儿的老房子，也就剩下我们家这院了。日本兵来过。他们来这儿以前，就在我们房头上，游击队曾经打过日本兵。后来，日本兵在我们土坡底下'清乡'。""您知道咱们这房子下面是什么？""土坡，也有人说是长城。可我没把这儿当过长城。"

这是一段与民众生活息息相关，却在认知上与居民感受并不相符的长城。它的过往，被深埋在窑厂村的夯土之中。它的今生与它的未来，则将伴随着窑厂村的人间烟火，一路前行。

第七章

隋唐时期的京杭大运河

寻访凉水河

历史名词

隋炀帝
隋唐时期京杭大运河
隋朝灭亡
玄武门之变

第七章　隋唐时期的京杭大运河

隋代京杭大运河的北起点在哪里？

你可知道，咱们历史课本上学到的"京杭大运河"，与现存的京杭大运河有着很大区别。你是否听说过，中国是由一撇一捺的两大人造工程串联起来，这一撇一捺的"人"字交会点，就是首都北京。这一撇，乃连绵万余里的长城；而这一捺，便是京杭大运河了。可翻翻《中国历史地图集》，你就会发觉：不对啊，隋唐时期的一"捺"并不平直，它是由两条有焦点的斜线组成的。焦点的中心，也不是北京，而是河南洛阳。你看到的没错，隋唐时期的京杭大运河，其实是以洛阳为中心的。至于北京，不过是服从于军事需要所连通的运河北起点（也可说是"终点"）。

但历史上京杭大运河北起点的具体位置，又究竟在哪里呢？回答这个问题似乎不难，就在西城区的积水潭。感谢元代郭守敬所做的贡献。然而，那毕竟是元朝，距离京杭大运河开通的时间，已经过去了至少680年。如果上溯到隋代呢，也就是隋炀帝的时候，大运河的北起点究竟在哪里？

关于这个问题，我曾问过不少朋友。著名文史专家朱祖希老师对此问题出言谨慎，只让我沿着丰台区的凉水河与外城的西南护城河走走看。好主意！但为什么是凉水河呢？据我所知，那附近只有一座金中都水关遗址博物馆，里面的藏品大都是金代的。这与隋唐时期的大运河关系不大啊。后来，当我翻阅一部名为《今日北京》的辞书时，发现了这样一段话："炀帝时（604—618在位）征伐高丽，涿郡蓟城成为集结军队和物资的重要基地。为向涿郡调集军队和粮草，大业四年（608）炀帝下诏发男女百万众开凿永济渠。永济渠经潞水（而今的潞河）直达涿郡。这不仅为隋朝攻打高丽做了准备，也使蓟城这个经济并不太发达的北方军事重镇与江淮经济富饶之地联系起来。"或许怕没说清楚，这部辞书又补充上一句，"永济渠达于涿郡的码头，在桑干河（永定河）支脉清泉水上，即今凉水河。"看来，朱祖希老师的说法是有根据的。但来往于大运河之上的舟船，究竟要走多远呢？隋唐时期的大运河，是不是也该有处像"积水潭"（元代）、"大通桥"（明清时期）这样的终点码头呢？对此，我很疑惑。待我拿出侯仁

第七章 隋唐时期的京杭大运河

之教授主编的《北京历史地图集》，在翻到"隋唐时期幽州城"部分的时候，猛然间发现：昔日的桑干河，原来并不经过卢沟桥、宛平城，而是一路向东流去。怪不得一条不起眼儿的凉水河能与永定河扯上关系。永定河与永济渠之间的交汇点，应该是在幽州城的南侧。这个地方，必定就是隋唐大运河的北端点。那么，两条河渠交汇的地点又在哪里呢？

根据侯仁之先生的看法，昔日的永定河，大致流经如今的白纸坊桥南。彼时，还没有凉水河的名称。

2006年，考古专家在白纸坊桥南侧发掘出隋唐时代的古河道，河床宽约300米。在河道中，先后发现了多条长约10米、底宽2米多的唐代木船遗骸，以及汉白玉的石驳岸等。此地正巧位于幽州城的南门外，因此被推测为永济渠的终点。只不过，这一推测还有待国内历史学界的确认。

根据文献记载，隋炀帝曾在永定河与永济渠交汇处兴建过一座临朔宫。那是在大业五年至大业六年（609—610），宫殿的设计与督造者，是官职为殿内丞的阎毗。据说：" 阎巧思，善营造，开凿永济渠时曾督其役。"根据《北京通史》中的说法，阎毗也是修筑永济渠的负责人。他出身北周贵族，而且是北周皇室的驸马爷。进入隋朝之后，因与太子杨勇交情深厚，导致杨勇被隋文帝废掉时，也受到连累，阎毗夫妇一起被罚做奴婢。到了隋炀帝的时候，出于爱惜阎毗才能的考虑，又让他担任要职。阎毗倒也知恩图报，全力修筑运河、宫殿，以逢迎隋炀帝的喜好。据说，临朔宫富丽堂皇，里面收藏了奇珍异宝无数。临朔宫的主体建筑叫"怀荒殿"，隋炀帝曾于此处宴请过西突厥的处罗可汗。这座临朔宫位于哪里？有些学者认为是在永定河的北岸，理由是唐代的幽州城就位于永定河的北岸，各种物资的运输一定要贴近幽州城的位置。这样看来，找到了临朔宫的位置，也就基本找到了河渠之间的交汇点。也有学者认为，临朔宫的所在地是后来悯忠寺（也就是今天法源寺）的位置。这种说法究竟对不对，还不好说。如果是在悯忠寺附近，临朔宫或许是被修筑在幽州城内。当然，也不能排除临朔宫就在目前白纸坊桥附近的可能。

第七章　隋唐时期的京杭大运河

京杭大运河开通之日，也是大隋帝国走向崩溃之时

临朔宫建成之后的第三年，也就是大业七年（611），隋炀帝决心攻打高丽。他自江都（今江苏扬州）出发，沿运河北上至涿郡，四月抵达临朔宫。"江淮粮米相继至涿郡，兵甲舳舻相次千里，往还在道常数十万兵民，死者相枕，臭秽盈路，天下骚动。"按照白话文的理解就是说，江淮地区的粮食先后运到涿郡，驻有兵士的舟船头尾相接，能连绵上千里。一路上病（累）而死者相互摞在一起，到处都是臭气与污秽，天下不安。大业八年（612）正月，各路兵马齐集涿郡，总共有一百一十三万人，号称二百万人。这也是古代的习惯，当年赤壁之战时，曹操大军号称"八十万"，实际上不过二十余万。隋炀帝在蓟城举行出军仪式，然后每天派遣一支军队，相隔四十里连营渐进，大约过了四十天才发军完毕。隋炀帝也随军到达辽东，至七月，这一大批军人渡辽征战，但很快败北。

不死心的隋炀帝，于大业九年（613）再次征高丽。结果国内发生叛乱，隋炀帝大军匆忙回返。到了大业十年

（614），隋炀帝第三次征讨高丽，结果再度无功而还。据史料记载，隋炀帝第二次征讨高丽的时候，曾经居住在临朔宫。当时的临朔宫内藏有大量珍宝，待到隋代末年，天下大乱，临朔宫便成为义军、豪强攻夺的对象（谁都知道这里宝贝多）。这座宫殿被毁的时候，大约也是在这时候。随后，在唐宋两代的历史文献中，就再也没有出现过"临朔宫"的记载。

真真假假说罗艺，是也非也谈历史

此刻，镇守幽州的是名将罗艺。唐武德元年（618），罗艺投降唐朝。为此，唐高祖于武德二年（619）赐罗艺"李"姓，封他为"燕郡王"。罗艺最后的下场不是很妙。他是李渊的太子李建成的密友，与秦王李世民的关系向来不好。玄武门之变发生后，因害怕遭到李世民报复，罗艺于贞观元年（627）起兵反唐，随即被部下杀死。多少年过去了，昔日的临朔宫早已踪迹难寻，甚至连名称也被后辈民众彻底忘记了。

虽然找不到临朔宫的所在位置，但有朋友却"知道"罗艺镇守幽州城时的帅府旧址。"就是而今的帅府园。在王府井大街的东侧，协和医院新楼，以前中央美院的位置。"这个说法，从百多年前的晚清起，就开始讹传了。要知道，罗艺所镇守的，是唐代的幽州城，也就是后来的宣南地区。他怎么会跑到幽州城外去另建府邸呢？搬到距离幽州城很远的地方，他到底是保护谁，或谁又能保护他呢？其实，所谓罗艺府，源自已经消失了的一座大照壁。而这座照壁的主人，与传说中的罗艺并无一丁点关系。据文史专家的推测，那是昔日怡亲王胤祥（也就是雍正帝的十三弟）府邸留下的照壁。

征服高丽，隋唐两代帝王的梦想与哀愁

还是让我们的思绪回到千余年前的隋唐时代吧。为了征讨高丽，隋炀帝自己的大隋王朝灰飞烟灭，这代价确实

太大。等到唐太宗即位，在解决了罗艺叛乱之后，便打算再征高丽。当然，从有想法到下决心，其间还历经了十多年时间。贞观十八年（644），太宗先派营州（治所柳城，也就是今天的辽宁朝阳）都督率幽、营二州各部击辽东，以探高丽虚实。同年冬，诏发各州兵十余万集幽州，各种军事物资也沿着运河向幽州集聚。贞观十九年（645）二月，太宗自洛阳率六军往幽州。四月，誓师幽州城南，然后进军辽东。此役下高丽十城，获其居民七万，但没有达到目的。唐军也在这次战役中伤亡惨重。冬季到了，战士们耐不住严寒气候，太宗不得不于十一月还师幽州。为悼念阵亡将士，太宗诏令：在蓟城内东南部建造一座悯忠寺。这座寺庙，便是后来的法源寺，它最终完工于武周万岁通天元年（696）。

说到这里，我在想，太宗皇帝为何要在幽州城南誓师呢？他所誓师的地点，或许就是桑干河与永济渠的交汇处，也就是大运河的终点。它的旁边，或许就矗立着一座尘封在历史中的临朔宫。

最终平定高丽，是在唐高宗总章元年（668）。此后，

第七章　隋唐时期的京杭大运河

作为运输军队、粮草之用的永济渠,便慢慢淡出了人们的视野。隋唐时期的运河故事,也可以画上一个句号了。待运河的"重现江湖",是在六百多年后的元代。到时候,咱们跟它再会。

第八章

大唐两代盛世帝王的辛酸
探访法源寺与史思明墓

历史名词

「贞观之治」
唐高宗与武则天时代
鉴真东渡
节度使制度
「安史之乱」
藩镇割据
五代十国

见证了从"贞观之治"到"安史之乱"的幽州古寺

咱们前面聊隋唐时期的大运河北端点时，说到过一座寺庙"悯忠寺"。隋唐大运河的风光岁月已然过去，留给幽州城的是悯忠寺的精彩——它见证了大唐王朝从"贞观之治"历经"开元盛世"，再到"安史之乱"的完整过程。

说到这里，先讲一件趣事。1980年，正好赶上日本奈良招提寺的鉴真和尚塑像要"回家探亲"，北京也是接待城市之一。由于鉴真生前没到过幽州，塑像的落脚地便成为舆论关注的焦点。最终的选择，是位于北京宣南地区的法源寺。据说，当时的北京城区中与唐代幽州古刹有承继关系，并且基本保存下来的，就只有法源寺了。由此看来，法源寺的前身悯忠寺确实是很有历史的。

悯忠寺与"安史之乱"又是怎么联系上的？原来，这里曾经矗立过两座高耸入云的木质古塔，有点山西应县木塔的味道。这两座塔是安禄山下令修造的。但这双塔在唐中和二年（882）被一把大火烧毁了。毕竟是木塔，能够留存下来太不容易。所以说，山西境内的应县木塔是个世间罕见的奇迹。除此以外，还有一通关于塔的古碑，出自安禄山的部下史思明之手。而今，这通古碑的残件，依然被保存在法源寺的悯忠阁内。

节度使制度的渊源

或许你会问，"安史之乱"的两大主角——安禄山与史思明，是怎么崛起并搅乱大唐王朝盛世局面的？此二人的崛起，得益于节度使制度。而这一制度的创立者，你可千万不要认为是唐玄宗李隆基啊。关于节度使制度的创立，咱们还得回顾一下历史。

从唐太宗"贞观之治"到唐高宗统治的后期（627—683），大约五十来年的时间里，唐朝军队解决了突厥之患，北边从此比较安定。然而，到了唐高宗末年至武则天称帝的时候，北方的少数民族又开始活动起来，再加上武则天把都城从长安搬到洛阳，导致政治中心东移，地处北方"十字路口"处的幽州，便显得越发重要，故需以重兵

第八章　大唐两代盛世帝王的辛酸

镇守。唐睿宗景云元年（710），朝廷任命薛讷为幽州镇守经略节度使兼幽州都督。薛讷是唐代名将薛仁贵的儿子，曾镇守幽州前后二十余年，多有战功。根据文献的记载，唐代的节度使制度，正是开始于薛讷。

自唐高宗以后，随着募兵制的兴起与节度使制度的建立，大唐王朝逐渐形成了内轻外重的局面。节度使握重兵盘踞一方，以军事压迫中央。待天宝元年（742）幽州节度使改称范阳节度使之后，逐渐控制了九支大军，人数大约有九万多，占边镇总兵员的五分之一。担任范阳节度使的安禄山更是兼领平卢、河东三镇节度使职务，盘踞黄河以北大片土地，统兵达三十万众，终于酿成"安史之乱"。

史思明与幽州城

在"安史之乱"中四位称帝的叛军首领——安禄山、安庆绪（安禄山之子）、史思明、史朝义（史思明之子），目前能够确认墓地者，仅有史思明一人。他的墓地就在北京城南的丰台区。

好了,咱们就来聊聊这史思明吧。史思明生于武周长安三年(703),死于唐肃宗上元二年(761)。由此看来,他的一生先后经历了武周、唐中宗、唐睿宗、唐玄宗、唐肃宗五个时期。据说长得其貌不扬的史思明是营州柳城(今辽宁省朝阳市)的"杂胡"(有些文献里说他是粟特人,有些称其为突厥人)。在其所属民族方面,史思明倒是与他的老长官安禄山多少有些一致(安禄山亦为"杂胡"出身)。

这史思明的模样,在一些文献中被描述为:"面容瘦削,胡须头发稀疏,耸肩驼背,凹眼睛歪鼻梁。"这等"坏人脸谱"的形象,到底是他的真实容貌,还是被刻意丑化,我们已无法弄清。

史思明与安禄山是同乡,但他比安禄山早一天出生,这二人长大后遂成为好友。若论相似之处,安、史二人皆以骁勇善战而闻名。史思明也懂得多种民族语言,且跟安禄山一样,当过为商人协议物价的牙郎。这在当时少数民族杂居的东北地区屡见不鲜,也不能算是什么特殊的本领。就像而今居住在欧洲的很多人,都能说几种甚至十几种语言。

第八章　大唐两代盛世帝王的辛酸

别看史思明与安禄山有着许多相似之处，但他并没有安禄山那般幸运。得到唐玄宗赏识的安禄山，在起兵造反前担任的是平卢、范阳、河东三镇节度使之职；而史思明的职务，仅为平卢节度都知兵马使。（都知兵马使权位次于节度使，属于其部下。此时的平卢，乃以如今辽宁省朝阳市为治所的东北、华北之一部。）

在安禄山起兵反叛之初，一直作为安禄山心腹的史思明积极配合安禄山的行动。当然，他并未跟随安禄山南下"攻城略地"，而是在巩固安禄山阵营的后方，且与唐朝北方各路军队展开争夺战。此时，在大唐王朝君臣的眼中，或许还尚未将史思明与安禄山"捆绑"在一起，而所谓"安史之乱"的概念也无人提及。

及至乾元二年（759）正月初一，此时安禄山已死，安庆绪继承大燕皇帝之位。史思明进攻魏州（现在隶属于河北邯郸的大名县东北，大名乃北宋时期的北京）以夺取州城。据说，史思明在魏州屠杀三万余人，以至于冀南豫北一带的土地上血流数日。

此后，史思明在魏州城北侧筑起祭坛，其"僭越大圣周王","更国号大燕,建元顺天,自称应天皇帝",从而将"安史之乱"名称坐实。称王后不久,史思明便进军陕州(今河南陕县),但被唐朝军队阻击于姜子坂(三门峡市南)。史思明大军作战不利,不得不退守永宁(河南境内)。时隔不久,由于史思明的长子史朝义发动兵变,史思明被带到柳泉驿(今河南宜阳县西二十四里的柳泉乡)后,最终落得个被绞死的下场。

在史思明死后,史朝义用骆驼将其驮回范阳(史思明之大燕国的统治中心),且对其厚葬。根据出土玉册中所记载的文字推断,唐宝应元年(762)五月十八日,史朝义才宣布史思明遗诏,并为其选地(也就是如今的林家坟村一带)发丧下葬,谥号"昭武皇帝"。

找寻史思明墓

寻找位于丰台区南宫南侧之林家坟村的史思明墓地,确实不是一件容易事。我见到的最好"指南",出自北京

第八章　大唐两代盛世帝王的辛酸

文保界的一位老前辈。恰巧此老前辈又是我的好友，所以被一路指点着来到了墓地。

我拿着老前辈于数年前拍摄的照片，一张张地比对，再向当地热情好客的村民打听，最终确定了埋葬史思明的大致地点。

史思明的墓葬，在丰台区林家坟西大约100米处，原来地面上有座高大的封土堆，当地称之为"大疙瘩"。由于农民长期取土，使得土疙瘩中露出了汉白玉石块、石条等。到了1966年春，村民在取石条用以修筑水井井壁时，刨出了一批稀罕物件。原来，这座土疙瘩确实是座古墓，而且形制很大。1981年春，北京文物工作队对墓葬进行正式发掘，但墓已被破坏。两次挖掘共出土器物有鎏金铜牛、鎏金铁马镫、玉册、鎏金铜坐龙、铜铺首、象牙化石（龙骨）的带饰等珍贵文物数十件。根据墓葬形制及玉册文字等可以证明，墓主人为唐代帝王级。而玉册上的"帝朝义"三字，又说明墓主人被埋葬时，史朝义已然称帝。这样看来，墓主人就应是史思明。

史思明的头盖骨早已破碎，但还能找寻到一部分。根据体质人类学家的测定，他去世的年龄在五六十岁。这与《新唐书》中对史思明"不足六十岁"的记述基本吻合。

发掘过后，史思明墓又被回填了，墓室、墓道及墓里的汉白玉大石门等统统被埋在了地下。如今，我所能见到的，是坑坑洼洼的小土坡上，种植的高矮不一的一片树林。

在幽州城内做皇帝的安禄山、史思明等人为后世百姓所不齿，而酿成如此大祸的唐玄宗李隆基，却被一部分京城民众所祭祀。这便是位于天桥东侧、天坛北侧的精忠庙了。这座庙里的"主神"，是抗击金军的岳飞。可巧的是，精忠庙恰恰由梨园公所使用。于是，在精忠庙的喜神殿内，便以唐玄宗为祭祀的主角。谁让他是戏曲行业的祖师爷呢。在曾经的喜神殿中，还有七幅描绘唐玄宗与梨园故事的壁画，可惜而今都已见不到了。

根据北京文史专家的说法，供奉了唐玄宗的行业小庙，北京还不止一座。

第八章 大唐两代盛世帝王的辛酸

重蹈"安史之乱"覆辙的父子

"安史之乱"对于大唐王朝的影响实在是太大了，一个怀揣着无限光荣与梦想的帝国，最终一蹶不振。有句俗话说得好，"千足之虫，死而不僵"。直到907年，朱温在废掉唐朝末代皇帝之后，建立了后梁，华夏大地从此进入五代十国的纷乱时期。这时，割据幽州的是刘仁恭、刘守光父子。此年，后梁来攻幽州，刘仁恭正在大安山离宫作乐，由于毫无防备，差点儿被"连锅端"。刘守光平时与父亲不和，乘机夺取兵权，击退梁兵，囚禁刘仁恭，自领幽州节度使。最终，刘守光以幽州作为据点，自立为帝。后梁乾化元年（911），刘守光建立了国号为"大燕"的小小王朝。

根据史料记载，刘守光为人贪婪、愚昧而又暴虐。他曾协助父亲刘仁恭搜刮民财，尽收铜钱，封藏于大安山岩洞中。为得到丰厚的利润，他下令严禁茶商入境，令军士采山中草叶冒充茶叶出卖。称帝之后，残暴更甚。幽州百姓饱受其苦，无不切齿。乾化三年（913），派兵攻打幽州，刘守光四面楚歌，很快城破被俘。"大燕"政权仅存在了两年零四个月便灭亡了。可以说，刘仁恭、刘守光父子能够称王称霸，都是"安史之乱"之后节度使割据一方所造成的结果。他们不正是安禄山父子、史思明父子的翻版吗！

第九章

幽州境内赵宋王朝的印记

漫游『高梁河大战』遗迹与『靖康之难』遗迹

历史名词

『燕云十六州』
后周柴荣
北宋争夺幽州失败
辽宋对峙
靖康之变
岳飞抗金

第九章 幽州境内赵宋王朝的印记

北宋徽钦二帝，究竟被囚禁于幽州何地

你读过岳飞的《满江红》吗？就在这首十分难得的爱国辞章之中，出现了"靖康耻，犹未雪。臣子恨，何时灭"这样的感叹。

"靖康耻"是什么？在靖康二年（1127），金军又一次进攻北宋，并一举攻破北宋首都汴京。宋徽宗、宋钦宗向金军投降，金军入城后大肆劫掠，除搜刮金银珠宝外，宋朝的法驾、冠服、礼器、法物、乐器、祭器、天文台的浑天仪、太医院的铜人、秘阁图书、天下府州县图和技艺、工匠、倡优艺人等也都在其劫掠之列。金王朝得到宋徽宗、宋钦宗的降表后，下诏废掉他们，北宋宣告灭亡。金军将徽钦二帝及后妃、太子、宗室人员等分七批押送北行。宋徽宗是第四批被押送的，而宋钦宗则在第七批被押送。宋徽宗在北行两个月之后到达燕京，被拘禁在城东郊的大延寿寺；宋钦宗走了三个多月才到燕京，住在悯忠寺（今法源寺）。据说，这对亡国之君曾在昊天寺内（位于今西便门大街以西，目前没有任何遗迹）相见。宋朝的

宗室、亲王等则被安置在仙露寺（地址在今宣武门外菜市口以西路北，目前的广阳谷一带）。时隔两个月，二帝被继续押送北行，到达金中京（今内蒙古的宁城）、上京（今内蒙古的巴林左旗），拜见金太宗。金太宗封宋徽宗为"昏德公"，封宋钦宗为"重昏侯"，留居金国，不准返回宋境。到了天会十三年（1135），宋徽宗被折磨致死。又过了二十一年，宋钦宗也被折磨去世。

除了二帝之外，大多数宋宗室、亲王等都留在燕京。被金军北掳的宋朝士人、官僚、侍卫人员及宫女、医生、乐工、演技艺人、技术工匠等，也大部分被留在燕京，他们具有较高的文化、技艺素养，其后对发展燕京乃至金中都的经济、文化都起到了积极作用。一些北宋的"艮岳"太湖石，现在还留在故宫博物院、北海公园、中山公园、天坛公园、先农坛等处（其中的一部分，是从圆明园遗址转来）。

前不久，文史学者王克昌老师领我去看徽钦二帝被关押的遗址。在探访的路上，王老问我："你知道北京城区有多少座延寿寺吗？"《北京宣南寺庙文化通考》里就说

"京师延寿寺凡五六所"。现在比较著名的、人们经常提到的延寿寺，是位于和平门外、琉璃厂东街的那座。由于这座延寿寺的名气太大，它所在的街巷也就跟着改叫"延寿（寺）街"了。

昔日的宋徽宗，就被关押在延寿寺里。这也是很多书籍中所提到的："宋徽宗被俘至燕后，曾囚于延寿寺，金人以汴京所获车辇法物，悉置于寺。"但这些书籍的作者，大都认为此延寿寺就应该位于琉璃厂东。实际上，根据清代《光绪顺天府志》中的记载："大延寿寺在悯忠寺之东，徽宗寓居之地"，与宋钦宗所居的悯忠寺相距很近，两位废帝还能经常见面（不一定要跑到西便门内的昊天寺去，那里多少有点远了）。据文史学者的推测，徽宗所住的延寿寺，就在如今法源寺，烂漫胡同东侧的某个位置。

北宋王朝的"幽云十四州"之痛

或许，徽钦二帝没有想到，他们是以这样屈辱的方式来到幽州城的。而恢复幽州在内的所谓"幽云十四州"，一直是北宋历代帝王的心结。这十六个州中的十四座，已经脱离中原政权太久了。

以前读过一本关于宋史的普及性书籍，写到精彩处，作者说了一句："大宋子民们知道，他们的燕云十六州真的永远不会回来了。"燕云十六州，这是哪儿的叫法？按照他们的话语体系，那里一直是被称为"幽云十六州"的。只有契丹人建立的大辽国，才会把幽州唤作燕京。其次，十六州也不是一个固定的概念。除了北宋末年，十六州被全部收回过一段时日外，在辽宋对峙的绝大多数岁月里，只有十四个州留在辽境之内；其余两州，早在后周武帝之时就已被中原王朝拿到。

某年冬初，我从河北河间（瀛洲）出发，乘长途车至任丘（莫州），再转车达涿州，乘北京公交远郊线路车至北京（幽州），续转远郊车，先后至京郊的顺义区（顺州）、密云区（檀州）、延庆区（儒州）。返京后乘京包线火车至河北怀来县（妫州）、宣化区（武州）、山西大同市（云州），再换乘同蒲线火车，至朔州市（寰州与朔州），转长途车

第九章 幽州境内赵宋王朝的印记

到应县（应州），再返河北蔚县（蔚州），东北入涿鹿县（新州），待回京后再乘长途车至天津蓟县（蓟州）。这十六个州就算是完整走了一圈。其中，瀛洲、莫州皆在大宋国境之内。而宋辽两国的边境线，按照今天的行政区划，则是东起天津海河口，沿着河北霸州市、雄安新区、保定徐水区、满城、顺平县进入山西繁峙、代县、山阴、岢岚等地。当然，这是以宋朝的边界区域而言。据史料记载，辽宋两国之间的边境，是由湖泊、沼泽、地道、边墙和瞭敌塔等组成的。

读到这里，你或许会有疑问：辽宋之间的边境线，不就是河北的中部地区？在这片区域内，除了雄安新区的白洋淀，似乎见不到多少水啊。前面的文字，怎么说得跟江南一样？其实，辽宋时期的河道分布，是与今天有着很大不同的。当时，北方地区河流泥沙含量大，尤其是夏季多暴雨，河水水位一旦暴涨就容易泛滥改道。彼时的黄河，就改道北流，最终与白沟河一起汇流入大海，而不是由山东东营入海。在北宋时代，白沟河、黄河的下游也叫"界河"。昔日的黄河，是充当了"国界线"角色的。

以骑兵为主力的辽国入侵者，在跨越太行山、燕山的重重险阻后，接下来便会看到一望无际的华北大平原。在毫无遮拦的情况下，横贯宋辽之际的白沟河道无疑成为大宋王朝御敌的最后屏障。加之黄河改道北行，夺白沟入海，使得白沟河道水量激增，水面变得更加宽阔；丰水期的白沟河甚至成为辽国大军不可逾越的天险。除此之外，黄河在改道中邂逅了排水不畅的华北平原，从而形成了大量的涝洼地、池塘和湖泊。尤其是在雄州、益津关（位于雄安新区）一带，形成了后来的白洋淀。所以，宋军利用涝洼地、河道、湖泊、沼泽去应对南下的骑兵，甚至还有意识地开挖大量沟渠，扩大水洼地与沼泽地的面积，让辽兵陷入泥沼河道之中无法前进。

至于瞭敌塔，则是辽宋两侧皆有的。如河北定州的所谓"天下第一古塔"开元寺塔，涿州的普度寺、云居寺双塔等，都是瞭敌塔。在北京良乡境内，也有一处瞭敌塔，名叫昊天塔。这座塔高36米，若登上塔顶眺望，北望辽国南京，南眺涿州，数百平方公里的军情形势历历在目。因此，昊天塔实际上是座位于交通要冲上的军事瞭望塔，对于传递涿州与南京之间的军事情报，有着至关重要的作用。

争夺幽州的过程，如同一场噩梦

幽州的丢失，是中原王朝的一个痛点。他们不是没想过收复，也不是没做过努力。

早在五代后周的时候，周世宗柴荣就曾准备收复幽州。在显德六年（959）的攻取幽燕之役中，后周的兵马都已经打到拒马河了。就在此时，柴荣突然病发，不久去世，收复幽州便功亏一篑。

待宋太祖赵匡胤建国，他曾打算用赎买的方式取得幽州。但计划赶不上变化，结果未能实施。等到赵匡胤的弟弟、宋太宗赵光义继位后，一场争夺幽州的战斗迫在眉睫。这场战斗，便是著名的高梁河之战。

据说，正在草原上狩猎的辽景宗，从未经过这样大的战争。待南京（也就是幽州）告急，他竟然不知如何是好，以致打算退守古北口、松亭关一线,放弃幽燕。好在辽景宗身边的大将耶律休哥是个深谋远虑的军事家,他深知南京对辽朝的利害关系,便主动请战救援。在辽国著名的女政治家、皇后萧绰(民间传说颇多的"大辽国萧太后")的积极敦促下,景宗这才决心派出援兵。

宋兵于太平兴国四年(979)六月二十三日至燕京,二十四日开始攻城,但直至七月上旬仍攻城不下。宋军士卒长年在外,未及休整,原已十分疲惫。今遇幽州城高池深,辽兵抵抗顽强,久攻不克,斗志渐弱。况值盛夏,气候炎热,久被风雨,渐生懈怠之心。正在此刻,耶律休哥率"五院军"昼夜兼程而至,使辽军力量大为增强。如此一来,宋军遇到了开战后前所未有的军事力量。七月七日,双方大战于幽州城北的高梁河,结果宋军大败。耶律休哥实乃一员猛将,他受伤三处,依然淡定从容地乘战车指挥追击。耶律休哥直追杀三十余里,宋军溃不成旅,宋太宗身中两箭,"仅以身免,至涿州窃乘驴车遁去"。也就是在这场战斗之后,宋朝由攻逐渐改为守,辽国则由守转为进攻。高梁河之战,极大地改变了历史进程。

第九章　幽州境内赵宋王朝的印记

高梁河之战的发生地，究竟是在哪里？按照历史学家的推测，辽宋时期的高梁河，是以而今北京紫竹院公园一带的泉水为起点。这条河流，沿着古高梁河道自西向东，经过后来的西直门外高梁桥、德胜门水关、什刹海，待穿越了明清北京内外城后，从天坛东、亦庄东流出。彼时，这片区域除了农田，便是野地、坟地，少有人烟。高梁河流经的土地，都有可能是辽宋战斗的所在。

就在高梁河之战发生以前，生于幽州的北宋大臣宋琪，曾向宋太宗上奏《平燕疏》。宋琪提出，在宋军抵达幽州城郊时，要将永定河河水通过高梁河河道引入城东北的郊亭淀中。由于郊亭淀的所在位置，将永定河水引入之后，就会在城北形成一道水上防线，从而把辽国骑兵隔在桑干河—高梁河—郊亭淀以北。郊亭淀以南的幽州孤城，宋军将在十天半个月之内攻克。待幽州攻克之后，整个燕山一带定会闻风而降。

这个绝妙计划，因高梁河之战的惨败而彻底泡汤。随着时光流逝，郊亭淀早已湮没无闻。而在如今的朝阳区，至今尚留存大郊亭、小郊亭的地名。

如今，能够见证高粱河的沧桑岁月者，就只有高粱桥了。这座高粱桥存世久矣，它的生命力是与后门桥一样"顽强"的。就是这座历史悠久的高粱桥，曾经流传着关于"高亮赶水"的民间传说。但此传说出现的时间，是在明成祖迁都北京之后。彼时，距离高粱河之战，已过去四百多年了。作为高粱河终点的高粱桥，大致建成于元至元年间。

　　待到明清时期，身处北京城垣外侧的高粱河水道流经之地，到处呈现一派迷人的郊野风光。由于风景极佳，使得此地酒肆林立、茶馆遍布，成为京郊地区的一道亮丽风景。根据明代《长安客话》中的说法：每年四月八日的浴佛节，四面八方前来休闲游览之人多得如过江之鲫。由于高粱河两岸的古刹众多，所以善男信女杂于其间，摆摊交易者亦不计其数。这样的盛况，一直延续到晚清时期。

　　现如今，高粱桥已经成为第七批全国重点文物保护单位，且被重新修葺并加以维护。然穿梭于两侧马路之上的行人，以及居住在这片区域的市民却几乎对其视而不见。高粱桥像是被从地底下挖掘出来的具有数百年历史之老古董，虽然有所保护，但却总让人觉得有些灰头土脸。期待能有一日，让高粱河的水面与高粱桥的石拱再度交会，且让人们以美的眼光去再次聚焦这座古桥。

第十章

辽金政权的跌宕风云

从辽代皇陵到金代帝陵

历史名词

契丹建辽
辽国灭亡
金迁都燕京
金中都与卢沟桥

第十章　辽金政权的跌宕风云

在熟悉的地方，找寻陌生的帝陵

辽代的皇陵怎么会在北京？在我的意识里，辽代的皇陵基本上都在内蒙古赤峰的巴林左旗、巴林右旗，或是辽宁北镇的医巫闾山。然而，北京地区还真有一座辽代皇陵。而且，此陵的所在地，居然是我们熟悉的香山。你信不信？待我查阅了一通资料后，猛然发现：在大辽王朝行将灭亡时，辽宣宗耶律淳就曾在北京称帝。但三个月后，他便突然去世，葬于燕京西部的香山，号"永安陵"。据说，永安陵俗称"辽王坟"，是香山一带最古老的一座帝王陵墓，陵址可能就在香山蟾蜍峰附近。

耶律淳？没听说过。咱们比较熟悉的，大概只有耶律阿保机（辽国建立者）与耶律德光（取得"幽云十六州"的那位）了。其实，耶律淳是辽兴宗耶律宗真的孙子，南京（今北京）留守耶律和鲁斡的儿子，辽道宗耶律洪基的侄子。说得似乎有点绕，但归根到底一句话，他不具备继承皇位的资格。但耶律淳长大以后，成了一个"笃好文学，研习诗赋"，汉化程度很深的宗室贵族，辽道宗一度打算让他继承皇位。天祚帝即位后，初封这位名叫耶律淳的叔父为郑王，后来又晋封为越国王、魏国王。乾统十年（1110），耶律淳担任南京留守一职，成为南京道（今北京及周边地区）的最高长官。

保大二年（1122）正月，金军攻克辽中京，并准备进犯南京。天祚帝闻警即逃，在金军的穷追猛打之下，仓皇逃匿夹山（今内蒙古萨拉齐西北大青山）。此时的辽朝，三分之二疆土都沦于敌手，早就人心惶惶。天祚帝一跑，且音信全无，这下可把群臣给急坏了（或许是吓坏了、气坏了）。主持南京军政事务的萧干、李处温等人主张援引唐肃宗灵武称帝的例子，鼓动了南京的百官、诸军、僧道、父老等一万多人，到耶律淳府前，叩求耶律淳登基。不明就里的耶律淳出府门问询，不料被李处温之子李奭"黄袍加身"。耶律淳固辞不得，只好即皇帝位，并改年号为"建福"。据说，当时的燕、云、平等地皆归耶律淳管辖，史称"北辽"。

北辽建立后，耶律淳降封天祚帝为湘阴王。但是，一边是金军压境，一边是北宋以大军十五万巡视边境，并传诏收复燕云十六州。耶律淳对北宋表示愿意免除岁币，缔结和约，以免腹背受敌，被北宋拒绝。不得已，耶律淳以萧干为知北院枢密使事，将军旅作战事务全部委托于耶律大石。面对危亡局面，已经暮气沉沉的耶律淳实在难以担当救亡之君的大任，他派遣使者向金朝上奏表，请求将北辽纳为金朝的附庸，希图求得一时的苟安，也被金朝拒绝。建福元年（1122）六月，病得厉害的耶律淳得到传闻，天祚帝会集五万精锐骑兵，准备八月从夹山回师南京。耶律淳大为震惊。没过几天，时年六十岁的耶律淳在内外交困中忧惧而死，在位仅九十八天。根据《辽史》的记载，耶律淳死后，"百官伪谥曰孝章皇帝，庙号宣宗，葬燕西香山永安陵"。这年十一月，金军攻来，耶律淳及其后继者的小朝廷覆灭。

由于永安陵是在强敌环伺的情况下仓促构筑的，所以规模不可能宏大。江山易主后，又因耶律淳是"僭伪之君"，陵墓也不会得到历代官方的保护与修缮，且长期处于皇家禁苑之中，外人难得窥见，很快就湮没得无声无息，因而长期缺席了北京方志的记载。目前只在清乾隆年间的《日下旧闻考》中有"永安陵今无考"等字样；在《光绪顺天府志》中也有"陵今无考"的记载。根据我的一位前辈好友张文大老师推测，永安陵的具体位置，大致是在距离香山永安寺建筑群和双清别墅不远的地方。如果你去逛香山，从"看云起亭"往蟾蜍峰攀登的过程中，千万想着找找永安陵的遗迹啊。

天宁寺塔，梁思成与林徽因眼中的"建筑之美"

长期担任南京留守的耶律淳对幽州城的最大贡献之一，就是建造起如今北京城区硕果仅存的一座辽代大型建筑。这便是矗立近千年的天宁寺塔了。

天宁寺塔有多美，我说了不算，你说了也不一定算。咱们得听著名建筑学家梁思成与林徽因的。这对夫妇曾经高度赞誉天宁寺塔就如同一曲美妙的建筑音乐。

天宁寺塔，是耶律淳主持创作的一首不朽"梵音"，而古塔所处的天宁寺，又是何时所建呢？

第十章 辽金政权的跌宕风云

依据曾寄居于此、且撰写了《日下旧闻》一书的朱彝尊的说法："万古光林寺，相传拓跋宫。"这两句话似乎在告诉我们：天宁寺初建乃在北魏年间（具体来说，其为孝文帝拓跋宏在位的北魏太和时期），而天宁寺最初的名称，则是光林寺。

待隋文帝仁寿二年（602），该寺即更名为宏业寺。此时，一座收藏佛舍利的木塔已然建成。及至唐开元年间，此庙又改名为天王寺。这便是现在矗立在天宁寺山门外的"唐代天王寺遗址"纪念碑的由来。

再至金大定二十一年（1181），庙宇名曰大万安禅寺。当然，在大万安寺的名称出现前，也就是天王寺的年代，一座取代了木塔的砖石舍利塔得以建造，其时为辽天庆九年（1119）。到了元末之际，大万安寺遭遇兵火之灾，殿宇皆荡然无存，唯留下一座高塔。

明朝洪武年间，燕王朱棣下令重修大万安寺。待朱棣登基，大万安寺更显兴旺之象。此事，还要感谢明成祖身边的重要谋士、被封为少师的姚广孝。

若论姚广孝，其政治智慧与军事韬略，至少不输给洪武帝手下的刘伯温。但功成名就的姚广孝，自成祖继位却选择了大隐于市。他先是居住在拥有双塔的大庆寿寺，而后又移居大万安寺。

只可惜，一直留存到清代的姚广孝寓所"宗师府"，如今已然踪迹难觅。依史料可知，其位置是在天宁寺的西北侧，即居民区与热力塔之间的某处。

此后，古刹又于明正统年间、嘉靖三年（1524）、清乾隆二十一年（1756）、乾隆四十七年（1782）被四度重修。也就是在明正统年间，这里被更名为天宁寺。置于明清极盛之时的天宁寺，塔前立有辽代经幢、明代碑亭，塔后建有大觉殿、广善戒坛，塔西北留有宗师府，塔东南另有历代住持的塔林。

待到清代修葺天宁寺后，乾隆帝为寺内大殿御笔题写了"常清净法""觉路慈缘"诸匾。盛时的天宁寺，庙宇占地甚广，寺内百花争艳。其中，以桂花、秋菊、杜丹、芍药等为佳。于是，每逢春秋两季，京城民众便纷至沓来，郊游赏花。

关于天宁寺与天宁寺塔，咱们就先聊到这儿吧。

第十章　辽金政权的跌宕风云

岳飞、女真王朝与八百年古桥

谈到金朝，你会想到什么？岳飞抗金？卢沟桥？没错，卢沟桥是金代建造的。关于这座名闻天下的古桥，咱们还得从桥下的永定河说起。

要知道，在古代历史上，永定河并不"永定"，它曾经于数百年间，是被称作"无定河"（并不是"可怜无定河边骨"的那条无定河。彼河的位置，是在陕西省北部的榆林地区）。而在金代以后，由于河水浑浊泛黑，此河也被叫作"卢沟河"。金代的燕京人，把"黑"说成是"卢"，所以"黑水河"，也是"卢沟河"了。

别看这卢沟桥的水色令人胆战，若论其声势，恐怕就更让人不寒而栗了。说到此处，我不禁会想起长安城外（位于现在陕西西安城区的东侧）的灞桥。要论地理位置，这卢沟桥就如同当年的灞桥一样，都是进出京城的门户。而且，还是某个方向上的唯一门户。由此，在历史上才出现了"灞桥折柳"（赠柳于远行之人，以寄托相思）、"卢沟晓月"（出京一日方至卢沟，然后亲友赏月惜别）这样的词汇。不过，灞桥之下的那条灞河，却是极为舒缓的，并不像卢沟河这般"气势汹汹"，经常做些"冲路毁田"之事。所以，修建比灞桥更为坚固耐用的桥，就成为已经定都燕京的金代统治者的当务之急。

那就修吧。自大定二十八年（1188）金世宗朝提出动议，至大定二十九年（1189）金章宗时开始兴建，再到明昌三年（1192）竣工。卢沟石桥营造于大金帝国国力最强盛、财政收入极为充盈的那段日子。所以，无论是桥上石狮子、华表、石象等建筑小品的雕刻，还是桥身石面的用料，材质与工艺水平都是最上乘的。这或许就是大金国的帝王气派了吧，甚至在某种程度上，也象征着"大金梦"的实现。当然，这石桥的费用，有相当一部分是来自南宋王朝所提供的充裕岁币。曾经以商业发达著称的南宋政权，从自己收得的税赋中拿出一小部分贴补大金，也是很有心力的。正因如此，卢沟桥的修建，便从不缺钱。这样做的好处也是显而易见的——这座桥一直沿用至今。

当然，只要卢沟河一日不宁，卢沟桥便也会存在各种

第十章 辽金政权的跌宕风云

隐患。至清康熙年间，玄烨终于按捺不住了。卢沟桥的微介之伤，毕竟太多。所以，重新加固并治理河道便成了当务之急。这位大清朝的盛世天子，在修复工程结束后，将桥下的这条黑河正式定名为"永定河"。至今，康熙爷的巡查治河功业碑还被保留在桥的西侧。至于另外一侧，则是玄烨的孙子——乾隆皇帝弘历所题的"卢沟晓月"碑。这四个字倒是十足的风雅，殊不知，所有民众经临这"风月之地"时，是需要缴纳税款的。哪怕是举子贡生，只要不出官差便要一律纳税。在此，只有朝野之分，而无四民之别，这倒也"平等"了。据说，此时卢沟桥的关税，是仅次于崇文门城税的京城第二大税源。

房山区名称的由来

对于金朝的统治者而言，远比卢沟桥重要的，是金中都（宫城就在西南二环的护城河畔，目前建有金中都遗址公园）；再有，就是位于房山区的大金陵了。

海陵王迁都燕京之后，按照汉族的习俗，决定在国都附近的地方修建皇帝陵墓。海陵王选定的地点是位于中都西南部房山中的云峰山。这云峰山算是房山的第二高山，山后有黑龙潭及泉水，便于祈雨。房山的西、北、东三面还有河流环绕，山前为谷，是理想的陵址。

贞元三年（1155）初，建陵工程开始，海陵王亲临施工现场巡视。由于他的亲自督促，到当年十一月，皇陵已初步建成。海陵王决定将金太祖、太宗、德宗（海陵王的父亲宗干）等人的灵柩迁来安葬，太祖陵定名"睿陵"，太宗陵定名"恭陵"。按照当时的施工技术水平，仅用三个月的时间就造完了三座陵，这工程肯定比较简陋。时隔未久，海陵王下旨将上京（如今内蒙古的巴林左旗）安葬的开国前十位祖先灵柩一并迁来，也葬于云峰寺陵区，并规定陵号。

自海陵王贞元三年（1155）初步建成，到金宣宗贞祐二年（1214）中都被蒙古大军所占，在将近六十年的时间中，金朝的历代帝后、太子、诸妃、诸王等，死后都被葬入陵域。虽然海陵王被后辈人抹黑，但他所做的两项决

第十章 辽金政权的跌宕风云

定：迁都燕京与建设金陵，却被历代继承了下来。这大金陵的区域，大体分为帝陵区、妃陵园及诸王兆域（诸王陵园）三个部分。开国前的金朝十位祖先之陵分别为：光陵、昭陵、建陵、辉陵、安陵、定陵、永陵、泰陵、乔陵、献陵。这些陵墓里到底有没有祖先的遗骨，似乎谁也说不清楚。金朝开国后的帝王之陵分别是：睿陵（葬金太祖完颜旻夫妇，也就是完颜阿骨打夫妇）、恭陵（葬金太宗完颜晟夫妇）、思陵（葬金熙宗完颜亶夫妇）、景陵（葬睿宗完颜宗辅夫妇）、兴陵（葬金世宗完颜雍夫妇）、裕陵（葬金显宗完颜允恭夫妇）、道陵（葬金章宗完颜璟夫妇）。而今，完颜阿骨打夫妇的石椁被发掘出来后安置在首都博物馆的"北京通史"展厅中。

埋葬金代诸位亲王、郡王的区域，被称为"诸王兆域"。这里面，有两位非常特殊的墓主人。一位，是海陵王完颜亮，他的尸骨"获于大房山鹿门谷诸王兆域中"；另一位，是被杀后废为东昏王的金熙宗。贞元三年（1155），他的灵柩从上京迁到中都后，改葬于大房山的"蓼香甸，诸王同兆域"。海陵王的儿子，也是皇位的可能继承人之一完颜光英，在金南京（如今的开封）被杀死后，跟他爸爸海陵王一道被葬于鹿门谷。所以，金陵中的"诸王兆域"是集中埋葬诸王的墓区，其地名为"鹿门谷""蓼香甸"。

　　自贞祐二年（1214）金宣宗迁都汴京后，大金陵开始荒废。到明朝的时候，金陵因年久失修，仅存留残迹。这保留不多的残迹，也因金人后裔（满洲人）与明军打仗，而被万历帝在盛怒之下派人摧毁。随后，明廷又在陵址上建造关帝庙以"压胜"（压住满洲人的风水）。但万历帝的这番折腾，并没有挡住满洲人的铁蹄。待清军入关后，顺治帝再度将金太祖的睿陵、金世宗的兴陵加以修复。只修复这两陵的原因，或许是认为金太祖乃开国皇帝，而金世宗治国有方，他们的影响较大之故。此后，时间又过了三百多年，重新修葺的睿陵、兴陵逐渐荒废。及至新中国成立，这二陵仅存基础遗址。

　　由于被埋没太久了，金陵附近的百姓，根本不知道金陵里安葬的是谁。当地人把这里的墓，分别称为"兀术坟"和"牛皋坟"，而这两个人物都是《说岳全传》中的重要角色。经过考古发掘,人们才得知,原来"兀术坟"是金太祖睿陵的遗迹;而"牛皋坟",则是金世宗之陵。由此看来,谣传的力量还是很强大的。

第十一章

元大都设计者的老师

找寻海云和尚、刘秉忠、郭守敬在京遗迹

历史名词

忽必烈
元大都
郭守敬
元代京杭大运河
马可·波罗

第十一章 元大都设计者的老师

元大都的建造者们

从元太祖成吉思汗到元世祖忽必烈,说起与元大都有关的人物,你会想到谁?是修通元代京杭运河的郭守敬,还是设计大都的刘秉忠,抑或是解救燕京百姓不受杀戮的耶律楚材与丘处机?

其实,郭守敬是刘秉忠的徒弟及助手;耶律楚材则是与丘处机同时代的人。刘秉忠的师父,是当时颇有声望的海云和尚;而耶律楚材的师父,则是万松老和尚。而今,这几个著名人物的坟墓,除了郭守敬与海云和尚的,其余的都还在。刘秉忠埋在卢沟桥附近,他陵墓前的石像生(陵墓神道两侧排列的石人、石兽雕像)陪伴着后来清乾隆时期"卢沟晓月"的御制碑;耶律楚材的墓及墓前的石像生,都在颐和园的一座小石头房子里;丘处机的遗蜕(或许是遗物)被放置在白云观的邱祖堂中;而万松老人的舍利,则在北京西四路口西南侧的万松老人塔内。郭守敬的墓地,历来就是个谜,谁也说不清楚。根据史料记载,他被埋葬在老家邢台。至于海云和尚的墓塔,则消失在历史的长河中；海云和尚的灵骨原先放置在大庆寿寺双塔中比较高的那座里，但而今你想知道双塔的模样，就只能通过老照片了。

郭守敬留给元大都的满满回忆

由于篇幅所限，咱们就聊聊京杭大运河的规划师郭守敬、他的师父元大都的设计者刘秉忠，以及他师父的老师海云和尚。

先来说说郭守敬吧。在我们的历史课本中，他可是个不得了的人物。郭守敬开昌平区白浮泉的水源，主持修筑通惠渠，从而重新梳理了京杭大运河的水系；设计和监制多种天文观测仪器，主持全国范围的天文测量，制定新的历法《授时历》，其中测定的数据在当时世界处于领先地位。聊到这儿，你会不会觉得，他就是一个"杂家"，而且样样精通？在如今的北京城区内，咱们还能见到积水潭附近的郭守敬祠，祠内展示运河文化成果；古观象台内则有郭守敬设计的简仪模型,作为文物的明代简仪被安置在南京的紫金山天文台内;当然,更重要的郭守敬遗存,就要数通州至白浮泉的大运河部分河道,以及古观象台本身了。

被刘伯温"盗"走了名声的刘秉忠

郭守敬四十三岁以前,一直都是刘秉忠的助手。接下来,咱们聊聊刘秉忠。实际上,老北京人对于刘秉忠的熟悉程度,远不及明朝初年的刘基(也就是刘伯温)。我的一个研究明史的好友,曾经愤愤不平地对我说:"刘伯温几乎没来过北京,人们却说'三头八臂哪吒城'是他设计的。真正对北京规划做出贡献的刘秉忠,大家谁都不提。"是啊,真实历史,常常就是这样被民间传说所埋没的。而被埋没的人之中,最该为人所知的,刘秉忠应该算一个。

刘秉忠少年为僧,他的伯乐便是海云和尚。没有海云和尚的极力推荐,他就不可能认识忽必烈。忽必烈成为华夏大地的统治者后，刘秉忠于元至元四年（1267）受命兴建新的大都。刘秉忠的才能是多方面的，元代的许多汉化及惠民政策都是由他提出来的。比如，政府要给官员固定薪酬、应减少赋税差役、要劝课农桑、应该兴办学校（重视儒学）等。尤为关键的是，刘秉忠于至元八年（1271）向忽必烈提出，要将国号改为大元。与此同时，刘秉忠开始主持营造大内。次年（1272），改中都为大都，确定为元朝的正式都城。原来的上都开平，则改为元帝消夏的行都。大元至元十一年（1274），大内宫阙完成，极度兴奋的忽必烈在正殿接受百官朝贺。也就在此时，陪伴了忽必烈将近三十年的刘秉忠，因病故于元大都。一年之后，意大利人马可·波罗来到元大都的时候，他所见到的一切，实际上都是刘秉忠等人设计的城市风貌。

刘秉忠的墓地就在卢沟桥的边上，找寻起来并不费力。就如同他的恩师海云和尚墓塔一样，曾经是北京城区内最为显眼的标志。

第十一章　元大都设计者的老师

海云和尚与消失许久的西长安街大庆寿寺双塔

如果大庆寿寺双塔还在，它的位置大致是在电报大楼西侧、西单图书大厦东侧、西长安街主路偏北。它曾经的所在地，是西长安街28号。该寺建成于金章宗时期，及至元至元四年（1267），双塔开始并立在金中都旧城的东北侧。

此处总共有两座塔，一座是金蒙时代的海云和尚灵塔（塔内"出土"了大量珍贵文物，并被送至首都博物馆保存、展出），另一座则是海云和尚大弟子可庵的灵塔（塔内已无遗存）。

海云和尚的生活年代，大致是在金后期、大蒙古国时期。所以，大庆寿寺塔应算作蒙古时期的塔，而非金塔。这在现存于法源寺一进院落内的"大蒙古国燕京大庆寿寺西堂海云大禅师碑"之铭文中，便可得到些许印证。

海云和尚生于金泰和二年（1202），圆寂于元宪宗七年（1257）。从时间上推测，他生活在宋金时期。海云和尚圆寂之时，距离忽必烈登基尚有三年，而距忽必烈更改国号为元尚有十四年。由此可见，海云和尚确实未曾迈入大元帝国的门槛。

从朝代分期看，自蒙古灭金（1234）至忽必烈改国号为元（1271），其中的37年确实有些含混不清。若将其划为蒙元时期，元朝尚未开始；若是归入金元时期，金朝则已灭亡，且两头都够不着。因此，将其算作蒙古时期，似乎更确切些。于是，海云和尚生命中的最后二十三年（1234—1257），以及海云和尚塔所建造的年份（1267），便都属于蒙古国时代。

由于这种朝代分期的模糊性，导致在一些历史书籍中，将海云和尚塔的建造时间锁定为金代。进而，当谈及忽必烈下旨建造元大都的时候，须特意交代"为了保护双塔寺金塔，还将南城垣绕开一段"。其实，并非忽必烈具有文物保护的超前意识，而是海云和尚的灵塔正是在忽必烈授意下建成的。

海云和尚生前曾受到过蒙古太祖（成吉思汗）、太宗（窝阔台）、定宗（贵由）、宪宗（蒙哥）的尊敬，他更得到驻守中都的忽必烈赏识。起初，蒙古大军攻破金国宁远

第十一章　元大都设计者的老师

城（位于今山西省岚县境内）时，由于十三岁的海云小和尚拒绝向成吉思汗行叩拜大礼，使得太祖对其另眼相待，并将他释放。此后不久，海云和尚所居的岚州（亦在山西岚县）又被攻破，海云和尚再度被俘。成吉思汗获悉此事后，托人转告太师木华黎"存济无令欺辱"，且代问"小长老"好。自此之后，蒙古大地皆称海云和尚为"小长老"。

待海云和尚圆寂，尚未登基的忽必烈伤心至极，除赐其"佛日圆明大宗师"的谥号外，还在金中都城外东北方向建起九级密檐塔一座，另于北京西山、陕西、河南等地建灵塔七座。而今，位于门头沟区的潭柘寺塔林中，尚存一座七层密檐式六面实心砖塔，塔额上刻有"佛日圆明海云大宗师之灵塔"字样，这便是京内又一座海云和尚塔了。

大庆寿寺作为金中都、元大都、明清京师、民国北京（北平）的重要地标，曾不止一次地出现于史籍、小说、笔记、戏文之中。就在1960年的某次会议上，陈毅元帅批评道："为什么把西单两个金塔给拆了？京剧《四进士》里面就唱——'双塔寺前分别后',就是说这个双塔,你们知道不知道?你们把它拆了是很错误的!"在这里,元帅虽按约定俗成的看法,将大庆寿寺塔说成是金塔,然他所引述的《四进士》却并没有错误。

《四进士》讲的是什么故事?话说明嘉靖年间,新科进士毛朋、田伦、顾读、刘题四人出京为官,因严嵩专权,便相约在庆寿寺双塔前盟誓:赴任后不违法渎职,以此报海瑞举荐之恩。这出剧目的脚本缘自何时,目前已经无法查到。但有一点是明确的,即《四进士》的内容在晚清时期便已出现。待到民国元年(1912),由京剧名伶周信芳首次演出了《四进士》的完整剧目。及至20世纪20年代,《四进士》逐渐成为周信芳、马连良的代表作品之一。难怪陈毅元帅要以此为据,用来证明双塔拆得了太可惜。

及至明初,朱棣身边的大谋士姚广孝,曾经先后在大庆寿寺内居住过二十年之久。在朱棣被册封为燕王的那段日子里,他的府邸即为元大都的宫城,此地距离大庆寿寺并不算远。于是,姚广孝每日往来于两地并不费力。直到

第十一章　元大都设计者的老师

永乐十六年（1418），姚广孝以八十四岁高龄在大庆寿寺里坐化。为了悼念他，明成祖设少师影堂供奉其画像、遗物等。也就是永乐时期，为了保护大庆寿寺，明皇城还特意改造，从如今的灵境胡同向府右街拐了一个弯。

到了嘉靖十四年（1535），一场大火将大庆寿寺（此时已更名为大兴隆寺）烧个干净，仅存两座砖塔。也就是在这场火灾中，金章宗时代遗留的"飞渡桥"和"飞虹桥"石刻被彻底毁掉。金代文学大师党怀英所题写的"大庆寿寺"石碑，早在明正统年间便毁在了当朝太监手里。嘉靖大火过后，被烧得面目全非的大庆寿寺先后成为"讲武堂"与"演象所"用地。再往后，此地被大量民房所占据。

1954年，西长安街首次进行大规模整顿与改造。在拓宽西长安街马路的工程中，双塔与邻近的建筑物被一道拆毁。

后来，当我看到一份1955年的《北京城市建设总体规划初步方案》时，多年的困惑方才得解：原来，拓宽长安街道路，是从战略层面考虑的结果。当时的长安街地段，被划定为一块板的形式，要避免存在阻挡长安街开阔空间的一切障碍物。必要时，长安街还可作为飞机跑道来使用。怪不得要拆除双塔呢！

据知情的朋友讲，在西单图书大厦东北侧的大秤钩胡同内，尚且留存着双塔寺的须弥莲花座，只是被倒扣着；而在北安里胡同内，另有被遗弃的双塔寺撑天柱残件。根据资料显示，大秤钩胡同与北安里、南安里胡同，以及北侧的兴隆胡同，都属于明嘉靖大火前的大庆寿寺所辖范围。所以，留下一些遗存也在情理之中。待我实地探访时，见到的场景令人惋惜。

"你要是早来五年，兴许就能见着了。大石座就在这里。那年冬天，刚下完一场雪，深更半夜的，大石座就让人偷走了。"大秤钩胡同的老住户对我说。

"北安里是不是还有一些残存的？"

"那没得更早。你现在什么都见不着了。"

双塔被拆掉之后，也不是什么都没留下。有些文物，目前被安置在首都博物馆之内。比如，在首博四层的佛教造像展厅里，便存放着一尊海云和尚的造像（这尊造像之前被安置在白塔寺的具六神通殿内。根据民间流传的说法，这尊造像是海云和尚的包骨肉身像。但依据首博专家的研究，认定其为一尊泥胎造像）。在首博东区的圆柱形展厅顶层，还陈列着一组来自双塔的宝物。这些遗存之物，被保护得较为妥帖。只可惜，它们再也回不去原来的家了。

第十二章

永乐皇帝与北京城

探访永乐时代的遗迹

历史名词

燕王朱棣
靖难之役
明成祖迁都北京
郑和下西洋
明十三陵

第十二章　永乐皇帝与北京城

永乐皇帝与大明王朝的北京城

"永乐皇帝"的说法，其实是不太对的。因为"永乐"是年号（1403—1424），此时在位的皇帝是朱棣。他去世之后，被追谥庙号为明成祖。朱棣活着的时候，民众对他的称呼无非是"燕王"（称帝前）或"圣上"（称帝后）。以年号作为称呼，如康熙帝、乾隆帝、道光帝等，在皇帝生前是绝无可能的。

好了，咱们来聊聊这位"永乐帝"在京的遗迹。实际上，朱棣在夺取了他侄子——建文帝朱允炆的江山之后，治理国家的地点是南京。永乐帝派遣郑和下西洋，最初也是在南京做的决定。如今的南京城区内外，还留下了不少永乐时代的遗存。比如，明太祖朱元璋的孝陵，就是在永乐年间完成的；追思马皇后的大报恩寺塔，也是建造于永乐年间。只可惜，这座被誉为华夏第一高塔的琉璃宝塔毁于太平天国运动时期。而今，在南京博物院与重新建造的大报恩寺塔内，还留存着一些旧塔的遗物。南京如此，北京也是如此。

永乐皇帝给后世留下的，首先便是一座巨大的北京城。当然，那时候的北京城，并不像如今残存的包砖城垣。从元代至明代中期，北京城的城墙是夯土捶打出来的，其外层并没有砖块。这些塑造城墙的夯土，目前还能在北京内城西南与东南的城垣遗址中见到。除此以外，紫禁城、皇城、天坛、先农坛、太庙、社稷坛、北海、钟鼓楼等处，还多多少少地能体现出永乐时代的建造格局。但具体还有哪些文物应属于永乐年间的，这就说不清楚了。

一个决定与一处世界级文化遗产的出现

此生居住在宫殿，往生则长眠于陵墓。位于昌平区天寿山的十三陵主陵，便是埋葬朱棣的长陵了。

位于天寿山主峰之下的长陵，始建于永乐七年（1409），到永乐十一年（1413）地宫基本建成。长陵基本仿南京孝陵建造，若用无人机拍摄一下，你就会发现其前方后圆的格局。

第十二章　永乐皇帝与北京城

很多参观明十三陵的朋友，都对陵区前部那条悠长的神道颇感兴趣。其实，这神道是为长陵修筑的。后代帝王们将其变成十三座明皇陵的共用神道。这条主神道的起点，是一座嘉靖十九年（1540）所建的石牌坊，据说是目前国内保存最大的石牌坊。由石牌坊向北走一千多米，就到达了大红门（大宫门）。大红门是整个陵区的总门户。进入大红门后继续向北，可见一座大碑楼屹立于神道中央。由于其所处的地势低洼，当地人称之为"碑楼洼"。楼内矗立着一座建成于明宣宗宣德十年（1435）的石碑，高达10米，重逾万斤。碑的正面，刻有明仁宗朱高炽为其父朱棣撰写的碑文，题名"长陵神功圣德碑"，全文3500余字；碑的背面居然是清乾隆帝的一篇诗体游记《哀明帝十三韵》，记述了各陵的情况；碑的西侧是嘉庆九年（1804）碑记，论述了明亡的原因；碑的东侧则记载着乾隆、嘉庆时期重修明陵的费用等。你别看这座碑上刻满了字，好像很不庄重，但它却是十三陵中唯一刻有文字的石碑。其他陵前的碑亭里，矗立的都是无字碑。再往前的一段神道，两旁排列着十八对汉白玉石像生。从前面依次是狮子（像征威严）、獬豸（象征公正严明）、象和骆驼（此二物是热带和沙漠的运载工具、象征皇帝疆土的广大）、麒麟（象征吉祥）、马（皇帝的坐骑），每种动物都是四只，两卧两立，表示阴阳交替，日夜服侍帝王；动物石像后面是顶盔冠甲的武臣、全副朝服的文臣和勋臣各四位，拱手持笏，以此显示皇朝的巩固。这组石像生的体量庞大，姿态生动逼真，均为整块石料雕成，全部为明代早期的作品，体现了永乐年间的大明气度。沿着神道一直向前，经过那座汉白玉七孔桥，便进入长陵。神道的尽头，北端东侧，原有行宫建筑，是帝后祭祀后休息的地方，因年久失修，现在仅剩下光秃秃的遗址了。

过了长陵的陵门、神库、神厨（此二者均毁于清代中叶）、碑亭，再往前便是祾恩门。因皇帝之死称"殡天"，所以又有"天门"之意。祾恩门内，乃是祾恩殿。这座于宣德二年（1427）所建的祭祀大殿，是我国木结构建筑中最大的一座，其建筑规制与故宫的太和殿相同。殿中有三十二根极为粗大的金丝香楠木柱，这在国内是绝无仅有的。由此，长陵的祾恩殿也成为国内最重要的楠木大殿，与北京故宫太和殿、山东曲阜大成殿并称为"中国三大殿"。

祾恩殿身后，是由内红门、石坊、石五供、明楼、宝城组成的坟域。明楼内竖立着一通石碑，上刻"大明成祖文皇帝之陵"，因碑被涂成朱色，所以称"朱石碑"。据说，它并不是最初所立的石碑。此前的那块石碑上，原本刻有"大明太宗文皇帝之陵"字样。到了明朝中叶，嘉靖帝认为"太宗"二字不如"成祖"更能显示朱棣的功绩，又不忍凿伤旧刻，于是用木头刻"成祖"二字嵌在石碑上。及至万历二十三年（1595），长陵碑被雷击毁，于是重建了一块新碑，并按嘉靖帝所改的"成祖"两字题写了碑名。明楼后面的宝城，也是十三陵中最大的建筑，其周长超过一千米。宝城正中是宝顶，宝顶之下为地宫。目前，由于长陵的地宫尚未发掘，我们还无法推测里面的珍宝能有多少。

永乐皇帝与永乐大钟

永乐皇帝给后世留下来的，还有两口"永乐大钟"，现今都存放在北京大钟寺古钟博物馆内。其中最为著名的一口，即被晚清民国时代的北京民众谣传为"北京五镇"之一的华严大钟，如今悬挂在大钟楼内。读到这里，或许有人会问：大钟寺里摆放的，不是叫"永乐大钟"吗，怎么变成"华严大钟"了？要想解释清楚，不妨请你到大钟跟前细细查看：在这布满二十多万字的钟体上，主要镌刻着的就是《华严经》的经文。说它是"永乐大钟"，源自此钟的烧造时代，乃明成祖朱棣在位的永乐年间。而主持烧造者，是一代帝师姚广孝。该钟的烧造地点，为鼓楼西大街的铸钟厂。

或许又有人会问，造口大钟，至于还得专门设置个钟厂吗？其实，"华严钟厂"并不只是烧造过"永乐大钟"这一口。据史料记载，至大明朝覆灭前，由铸钟厂制作并得以保存下来的"大钟"至少有十来口。但由于晚明政府缺钱，便化了古钟以铸钱用。待到明朝结束，就仅剩三口古钟幸存：其一，曾经放置在北京钟楼外平地上，又由大钟寺博物馆收藏的明永乐年间铸造的铁钟；其二，北京钟楼内正中悬挂的铸造于明永乐十八年（1420）的铜钟，此乃目前国内最重的铜钟；其三，就是躺倒于万寿寺地上的华严大钟了。

有钟不挂，宁可让它躺着，而且还几乎躺倒了二百余年。这又是为什么？且看华严大钟在明代的遭遇吧。自明成祖那会儿，大钟于烧造出来后不久，便被悬挂在了北京景山东街的汉经厂内用作明代帝后皇族们祈福。等到朱棣一死，汉经厂便再无人打理。其内放置的大钟，也如同摆设。终于有一天，由于汉经厂房梁衰朽，大钟不慎落地。此般状况，竟持续了一百五十年。后来，在明代汉经厂的遗址上，由清代帝王出资，建造起了著名的藏传佛教寺庙群落——嵩祝寺、智珠寺与法渊寺（如今法渊寺无存）。

等到崇佛的万历皇帝当政之际，为了侍奉其生母李太后，皇帝决定：搬迁早已闲置的华严大钟，送入今西三环东侧的万寿寺内。当大钟被安置于钟楼之上，钟声重又响起，紧一声慢一声地，直传遍北京城西地区。待万历帝的孙子天启帝即位，有臣僚便言道：这华严大钟的方位不祥，冲了当今圣上的龙运。于是，大钟再次落地，不准敲响。而且，这一落，便又是一百余年。

进入大清，雍正帝决心重闻佛音。然而，他却没能等到自己所期盼的那一天。及至大钟重新上梁、佛音播撒，已是乾隆八年（1743）了。当然，即便是重装上了大钟，也不能如往昔般天天敲响。按照自乾隆以后的清廷规矩，只有在"久旱无雨"之时，为了祈雨才能敲响大钟。由此，这华严大钟在有清一代的最大用途，便成了召唤龙王爷来吞吐云雨。

犄角旮旯里的永乐时代印记

与朱棣多少有些关系的古迹，在北京城内还有一些。比如，在故宫博物院的东路文华殿区域，就有一处永乐年间出现的政府机构——内阁，位于文华殿大门的对面（属于不对外开放区域）。其实，早在建文四年（1402），坐镇南京的朱棣便安排了若干亲信文臣，入直南京文渊阁做皇帝的政治助手（顾问），这便是内阁制度形成的起点了。

到了永乐三年（1405），朱棣派遣大太监郑和出使西洋。这样的大规模外交活动，一直持续至明宣德八年（1433）。郑和在北京的故居，位于什刹海附近的三不老胡同1号。这条胡同的奇怪名称，来自郑和的名字"三保"，规矩一些的称呼是"三保老爹胡同"。郑和故居的规模极大，据说占了一整条胡同的四分之三。而今，这座故居已经被现代化楼宇全面取代。所剩不多的假山等建筑小品，则被移至军事博物馆。

永乐十六年（1418），身为朱棣最重要参谋的姚广孝和尚圆寂。这个和尚是朱棣最为宠信的部下。待朱棣登基后，给予姚广孝管理天下僧侣的高位，还恢复他的俗家姓氏，授予"太子少师"的称号。根据史料记载，每次姚广孝前来面圣，朱棣都不呼其名，只是恭恭敬敬地称他"少师"。待其死后，朱棣更是追赠姚广孝为荣国公。姚广孝的神道碑和舍利塔，就在而今的房山区。碑与塔的体量都异常巨大，确实能够体现永乐朝的气派。

永乐十八年（1420），朱棣下旨设立东缉事厂（简称"东厂"），由亲信宦官担任厂公。东厂可算得世界上最早设立的国家特务情报机关之一，其分支机构远达朝鲜半岛。而今，东厂的办事机构已然无存（大致是晚清重臣裕禄、荣禄，民国副总统黎元洪等居住过的地方），只留下了一条"东厂胡同"，位于王府井大街北段路西。

除此以外，还有永乐五年（1407）编撰完成的《永乐大典》。这又是一部体现大明气象的史诗般作品，全书22000多卷、11000多册，是中国历史上最为庞大的一部类书。可惜的是，我们再也见不到永乐年间的大典原本了。原来，唯一的一部《永乐大典》起初是被放置在南京文渊阁的东阁之内。待成祖朱棣迁都北京后，《永乐大典》又被运到北京的文渊阁收藏。到了嘉靖三十六年（1557）临近文渊阁的奉天、华盖、谨身三大殿（也就是后来的太和殿、中和殿、保和殿）起火，被烧成了一片废墟。《永乐大典》虽然被及时抢救出来，但嘉靖帝朱厚熜心里不安。为了避免不测再度发生，嘉靖帝决定抄录一部新的。嘉靖四十一年（1562）开始重录工作，至隆庆元年（1567）宣

第十二章　永乐皇帝与北京城

告完成。所录副本与永乐年间正本的格式装帧完全一致，被贮藏于皇史宬。但随后所发生的事情，是人们没有预料到的。永乐年间的正本居然消失了，只留下并不齐全的副本，最终还大部分流失海外。而今，《永乐大典》的副本在国家典籍博物馆中有所展示。曾经收藏过《永乐大典》的地方，如皇史宬、故宫博物院文渊阁原址，也面向大众开放。曾经存放过这部大典的翰林院旧址，则在而今公安部的院落中。

第十三章

紫禁城内的明朝帝王事

穿越到明代的帝宫里去逛逛

历史名词
明代北京
紫禁城
明朝历代帝王

第十三章　紫禁城内的明朝帝王事

午门之外

故宫博物院，你肯定来过。换成明代的紫禁城，估计谁也没法穿越过去。那咱们就转转现在的明代紫禁城吧。

能够穿过明代皇城的南大门"大明门"，并沿着千步廊一路走到承天门（也就是如今的天安门），再经过端门，来到午门城下，最终抵达奉天门（现在的太和门），这是明代中层官员根本无法想象的特殊待遇。这是皇宫中轴线"五重大门"的礼制。能够享受此待遇者，除了一些藩邦使臣外，便是明代帝王的俘虏了。让他们沿着大明门之内的中轴线走上一遭，或许是希望他们对中轴线两侧的高大建筑群有所忌惮。及至午门，当朝皇帝于城楼上设置御座，居高临下地发落战犯。当然，为了表示"天朝上国"的仁德，明廷一般会对俘虏采取宽免的政策。这些被赦免了的俘虏，将被举家安置在皇帝眼皮底下，也就是京师的范围之内。至今，一些如魏公村、苗子营、回子营（回回营）、安南营（大安澜胡同）之类的地名，还会在京城民众的现实生活中出现，或是在民间故事中继续流传。

到了午门，你会不会想到"推出午门斩首"的圣旨？在真实的历史中，"推出午门"并不会被直接斩首，但在明代，于午门前曾经实施过一种特殊的刑罚，名曰"梃杖"。这是一种对触犯龙颜的臣子所采取的极为严厉且没有标准的惩罚措施。用刑稍狠一点，人便会毙命。梃杖这种刑罚，其实并没有在《大明律》中记载。《大明律》的特点是"重其重罪、轻其轻罪"，但在执行中更重视皇权力量的体现——凡是触碰皇权底线的人，无论官居几品，都有被杖毙的可能。执行这一任务的，则是设置于端门至午门之间东西两侧的锦衣卫直房人员。如有大臣违逆皇帝旨意，随即便会被锦衣卫逮捕，并于午门前严加拷打后再下狱或送还家中。然而，很多官员根本等不到那一刻。比如，明正德十四年（1519），武宗皇帝下诏南游，招致百官集体上疏谏阻。盛怒之下的武宗将舒芬等一百四十六位大臣杖责于午门之外，结果十一位大臣当场毙命。

第十三章 紫禁城内的明朝帝王事

皇帝上朝与"御门听政"

再往北，经过午门，便是奉天门广场了。奉天门，也就是如今的太和门。其实，如果是比较"爱岗敬业"的明朝天子，一般会在奉天门举行"常朝"或"御门听政"。这两个无甚差别的名词，亦被合称为"常朝御门"。根据明朝政府的规定，文武百官要于每日拂晓至奉天门参加早朝，向皇帝进行朝拜并奏报政事，皇帝也要在此理政。根据《明会典》中的说法：于早朝初击鼓之时，文武群臣聚集在午门左右的掖门处排队等候。待敲钟之声响起，百官分文武，依次进入左右掖门，待过内金水桥外，在奉天门前丹陛底下的位置，面朝内侧东西并立。等皇帝到来后，升座鸣鞭。在鸿胪寺官员的赞礼之中，官员入班，面北朝天子跪拜，行三叩之礼。礼毕，群臣起身，照原样站立，随后各衙署依次奏事。待一切奏报处理完毕，皇帝回宫，百官再按照次序退出。由于明代的君主专制日益强化，体现在朝礼规则方面也就愈加严格起来。待朝班之际，若有相互言语喧哗者、咳嗽吐痰者、退班时与御轿并行者，皆属于失仪。等待这些失仪者的，将是不同程度的惩罚。但自明英宗以后，"君王从此不早朝"几乎成为某种惯例。据史料记载，成化皇帝在位的二十三年间，仅成化七年（1471）召见过大学士一次，且几句话说完便退了朝。而弘治帝在位的十八年中，亦仅于弘治十年（1497）召见过大学士一次，并赐茶一杯而已。待正德皇帝在位的十六年里，则根本未召见过任何大臣。及至万历朝，皇帝居然创造了二十四年不临朝的纪录。这，就是载入史册的教科书般"典型怠政"了。

"逍遥城"里不逍遥

看完了奉天门广场，向西转到武英殿区域，有一处名叫"逍遥城"的小地方，这里是明代汉王朱高煦造反失败后被囚禁之处。朱高煦是明初藩王中的一位"猛将"，很像其父朱棣。倘不是需要"文治天下"，或许朱棣会传位于此子。在"靖难之役"时，朱高煦确实立过赫赫战功。

但他性格粗暴、骄傲任性，只懂得"马上得天下"，不知晓"下马治天下"的深意。最终，帝位由其兄朱高炽继承。朱高炽称帝不久便不幸病故，其子朱瞻基继位，即宣德帝。朱瞻基的上台，引起了作为皇叔的朱高煦强烈不满。于是，朱高煦在封地乐安（今山东广饶）起兵造反。当朱瞻基亲自率兵平叛后，朱高煦被囚禁于逍遥城内。孰料，朱瞻基前来探望皇叔时，却被朱高煦猛然伸脚绊倒。失了颜面的宣宗皇帝，怒而将铜缸扣在朱高煦身上。皇叔凭借力气大，竟然顶起铜缸。亦惊亦怒的朱瞻基随后处死了朱高煦。

从外朝到内廷，明代宫城里的那些事儿

当百官小步快趋地进入奉天门以后，大明帝国的"朝仪中枢"奉天殿便呈现于面前。后来，这座殿更名为皇极殿，也就是俗称的"金銮宝殿"。皇极殿内中间位置设有御座，每逢新皇帝登基，以及每年的正旦（农历的正月初

一)、冬至、万寿圣节(皇帝生日)等节日,皇帝必在皇极殿升座,接受百官朝贺。除此之外,每逢颁布诏书、授命将领出师、公布进士皇榜等,皆在皇极殿内进行。这些事情,是需要皇帝事必躬亲的。奉天殿之后,乃华盖殿,其名称于嘉靖年间被改为中极殿。这座规制相对较小的殿宇,是供皇帝主持皇极殿各项典礼之前稍事休息的地方,殿内中央亦设有御座。华盖殿身后的谨身殿在嘉靖年间被改名为建极殿。这座殿堂的规制大于中极殿,但却远小于皇极殿。在册封皇后、皇太子之时,君王要在此殿内稍事休息,再前往皇极殿。

接下来的这片区域,便是宫城中的宫城,禁区里的禁区了。有明一代,只有极少数人会进入这里。此地,就是紫禁城的内廷。进入乾清门,迎面而来的便是乾清宫,这里是明代帝王起居和理政的中心。位于此宫西南侧的,是明嘉靖年间建造的养心殿。养心殿两侧分别为东暖阁与西暖阁,明朝的皇帝或居东暖阁,或住西暖阁。当然,有些行为荒唐的君主,未必会把这里当成"家"。如明武宗便深为厌恶宫中规矩,干脆于西华门外的西苑另行修筑宫室居住，名曰"豹房"。由于长期居住于彼，一些国事亦在那里决定，使得"豹房"成为紫禁城西侧的又一处朝廷所在。

乾清宫的北面，是交泰殿。再往北，则为坤宁宫，此地乃明代皇后的居所。位于高台之上的这三座大殿，与外朝之三大殿的布局基本一致，只是更加精致小巧，这就是"内廷三大殿"了。

当穿过了内廷三大殿之后，由内廷中路的广运门北上，即步入明宫的后花园——琼苑。说起琼苑，此地自明永乐朝起，一路至清宣统朝为止，皆为帝王的休闲娱乐之区。这里遍种奇花异草，风景甚佳。琼苑北侧的石台上建有钦安殿一座，内供"玄武大帝"。琼苑的北门，原为坤宁门。待嘉靖十四年（1535），此门的名称被琼苑南门占用，随之被更名为顺贞门。走出此门，就是整个宫城之北门——玄武门了。

第十四章

燕山山脉下的风云往事

走访明代帝王陵寝

历史名词

靖难之役
明成祖
明十三陵
瓦剌入侵与『北京保卫战』
俺答汗
明中后期政治

第十四章 燕山山脉下的风云往事

"生死未卜"的明代帝王

要说起这明代的帝王来，总共有十六位［以年号为序，依次是洪武、建文、永乐、洪熙、宣德、正统（天顺）、景泰、成化、弘治、正德、嘉靖、隆庆、万历、泰昌、天启、崇祯］。然而明代的帝王陵寝，若把分布于国内各地的统统算上，则有十八处之多（江苏盱眙的明祖陵、安徽凤阳的明皇陵、江苏南京的明孝陵、北京昌平的明十三陵、海淀的景泰陵、湖北钟祥的明显陵）。此外，遭遇"靖难之役"而生死未卜的建文皇帝朱允炆，倘若并未葬身于南京明故宫的战火之中，那么，他有可能去了哪儿呢？

永乐帝夺了他侄儿建文帝朱允炆的皇位，继而朱允炆不知所终，这似乎成为有明一代的最大谜案之一了。

据说，当年郑和下西洋的一个重要目的，便是查访建文帝的行踪。结果，当然是一无所获了。还有一种说法是，姚广孝将朱允炆弄到了北京，且生活在永乐帝的眼皮底下。

据传，朱允炆在当时的身份，也是个和尚。他的寿数不算短，至少活过永乐、洪熙、宣德三朝，直到正统朝才圆寂。待他死后，其遗骨被安置在某座舍利塔中。而这座塔，有些人推测是位于西三环紫竹桥东南侧的白塔庵塔。当然，更多人认为，白塔庵塔即便与朱允炆有关，亦不过是他的衣冠冢罢了。

如今，在中国画院管辖区域内的白塔庵塔，以其造型独特的藏传佛教建筑式样，吸引着相当一批文物爱好者的目光。

此外，在北京的民间传说中，还有"西山天下大师墓"的说法。何为"天下大师"？依照坊间的解释，此"大师"或许就是朱允炆。据说，在正统年间（永乐帝重孙子、建文帝侄孙子朱祁镇在位），朱允炆从云南来到广西，某日对一僧侣道："我是建文帝。"消息传开以后，他被朝廷派人接到北京，有司官员以王礼拜见。未久，朱允炆住进皇宫大内，后来寿终正寝。朱允炆被埋在了西山，不封不树。到了嘉靖十五年（1536），嘉靖帝还跑去看了看。

以上的传说，在民间流传了有段日子。至晚明时期，便有人开始怀疑所谓"天下大师墓"的真实性。其中，明末清初文人孙承泽、王崇简还进行了实地考察。

第十四章 燕山山脉下的风云往事

据孙承泽《天府广记》记载，宛平人王崇简于崇祯十一年（1638）九月间在金山口一带寻找传闻中的"天下大师墓"。据说，他策杖走了远近十几里，却未找到任何线索，最后，他来到黑龙潭前的一片平坦土地。就在这里，他发现一石碣，上面镌着"大内迁出二棺之记"，旁边镌着宛平县令的名字，但没有立碑年月，也没有封土。

据孙承泽的进一步考证，这自大内迁出的两具无名棺木中，盛殓的应该是嘉靖年间死于"壬寅宫变"（谋杀嘉靖皇帝未遂）的曹端妃和王宁嫔。若此事当实，所谓"天下大师墓"的真相即已大白于天下了。

或许未来的某一天，建文帝的谜团会拨云见日。但依我内心里的想法，建文帝下落还是晦暗不明一些才好。毕竟探究未知的历史，会给世间活着的人带来更多的乐趣。

十三陵之外的"十四陵"

寻找建文帝的墓地，就如同是在猜谜。而寻找景泰陵，则有"闯禁区"的感觉了。

探访景泰陵，首先要把方位坐标对准一处名为"娘娘府"的地点。据说此娘娘府并不是哪位皇娘的寓居之所。这里，乃安葬明代的皇后、妃嫔、公主以及王子王孙们的地方。一位大明朝的天子，居然厕身于娘娘府之内，这简直太过屈辱了。政治毕竟是残酷的。一场"夺门之变"，导致顶替了皇兄朱祁镇帝位的景泰帝朱祁钰最终黯然离场。他的死，也是那样不明不白。据史料记载，朱祁钰在去世之前便已失去了皇帝之位，且被强行降格为亲王。待到晏驾，更顺理成章地以亲王之礼进行安葬。远在昌平的天寿山麓，本已营造好的陵寝不再开启。于西山面前的一座名曰金山的小丘陵，倒是适合。于是，朱祁钰便被安葬在这里。

在以亲王之礼安葬了景泰帝多年以后，皇兄朱祁镇的儿子、继承了大明皇位的成化帝朱见深，终于为其皇叔平反昭雪。于是，在景泰陵内以帝王的规制先后修建起祾恩门、祾恩殿、碑亭、神库、神厨、宰牲亭、内官房等一系列建筑。至嘉靖年间，景泰陵内所用的琉璃瓦，也由绿色更换成帝王专用的黄色。只不过，恢复了帝王规制的王陵，由于其陵寝就是一座亲王墓的基础，所以根本无法与天寿山麓的其他任何一座明陵相比。且到了大清入关，景泰陵更是倾颓得不成样子了。

此种衰败的趋势，一直到乾隆年间才得以遏制。乾隆帝好古，比较尊重大明的历史，在他的提议之下，景泰陵得到了重新修缮。能够证明这一点的，是矗立于祾恩门前碑亭之内的"大明恭仁康定景皇帝之碑"。此碑修筑于乾隆三十四年（1769），在碑的背面，由乾隆帝题诗一首，对碑主一生的功业提出了质疑。乾隆认为，朱祁钰对皇兄的态度不恭，才导致了朱祁镇对皇弟的不仁。如果朱祁钰当初能像岳飞那般"力战迎回二帝"，此后的悲剧便不会发生了。对于弘历的看法，道学先生们纷纷给予肯定，而普通民众及后世的历史学者，则不一定认可。

自乾隆之后，时光又流逝了二百多年。而今的景泰陵，虽然早已成为世界文化遗产、全国重点文物保护单位，但目前留存着的，有碑亭一座、乾隆碑一通、祾恩门一座、残墙若干、古树多棵。至于祾恩殿、神库、神厨、宝顶之类，已经荡然无存。

始终长不大的皇帝，原来埋葬在这里

逛完了十三陵之外的景泰陵，咱们再来到十三陵。这次，跟各位聊聊康陵与昭陵吧。

十三座皇陵，此前开放的只有三处：永乐帝的长陵、隆庆帝的昭陵、万历帝的定陵。此三座陵寝中，能下到地宫的唯有定陵。

在十三座陵寝中，长陵的规模最大，祾恩殿也最值得一观；定陵的内容最丰富，地上博物馆和地下陵寝皆有看点；昭陵实乃按照原貌修复的第一座皇陵，规模虽小但五脏俱全。这三座陵寝几乎包办了十三座皇陵的一切特色（思陵是个例外）。

"康陵的大门早就毁了，祾恩殿也毁了，明楼也毁了。你要是早些年来，估计能把那里当作一片荒野。"某位知情的昌平好友对我说。处于荒废中的康陵，亦属1961年的

第十四章 燕山山脉下的风云往事

第一批全国重点文物保护单位。

康陵的主人,乃"游龙戏凤"的主角正德皇帝朱厚照。关于朱厚照,要说的话还有很多。此前与我的学生聊明史时,每当谈到武宗皇帝时,我总要对其大肆褒贬一番。后来发现,我对朱厚照的评价有些苛刻。按照历史学家黎东方先生在《细说明朝》中的观点,这位少年天子似乎值得同情:

"武宗朱厚照,是孝宗(也就是弘治皇帝)的独子,为张皇后所生。年十五岁(虚岁)即位,在位十六年欠两月,咯血而死,享寿三十一岁。

"此人若生在老百姓的家中,可能张大门楣;倘若他生在勋戚之家,更可能立功边檄,加官晋爵;可惜他贵为皇帝之子,又为皇帝的独子,不得不嗣位为皇帝。君临天下,却又耐不住深宫的形似拘囚的生活,自恨发挥不了他的手格猛兽的勇力,与奔驰草原的骑术。"

黎东方以带有几分温存的口吻继续说道:"一个十五岁的孩子,陡然做了皇帝,苦不堪言。大学士与六部尚书以及都御史、给事中,等等群臣的奏疏,所谈的都是枯燥无味、头绪纷繁的国家大事，牵扯到许多他从未见过面的人，许多他从未到过的地方，而且文字典雅深奥，又不加圈点。对于这些奏疏，他认为只有完全不理是最干脆的处理办法。""群臣甚至'迂腐'到硬要他天天读书、听讲，这些人哪有身边的几个宦官好？""宦官在东宫侍候了他很多年，玩得很熟，而且他们懂得玩很多样的游戏，例如捉蟋蟀、赶兔子、唱戏、摔角。"

以皇帝身份存世的朱厚照，从十几岁的孩童到三十出头的青年，正经历青春期的萌动、不安、叛逆与彷徨。他怎可能老老实实地去做四五十岁人才能领悟的事。曾处于此段年龄当政的明朝皇帝，尚不止一个。正统皇帝朱祁镇、天启皇帝朱由校、崇祯皇帝朱由检，心智大都如此。

时代给予他们的责任与使命过重了，早已不可承受。他们也未必想着要去承受。而民众心目中的朱厚照，早已幻化为"游龙戏凤"里的那位风流皇帝。

朱厚照行为确实有些荒诞，他所信任的臣僚确也实在不堪。在正德朝，各种农民起义、地方反叛屡屡发生，边患问题始终存在。但大明王朝的车轮还在运转，帝国的各

第十四章 燕山山脉下的风云往事

种统治机能还在不断完善之中。

在与一位文博界老师寻访康陵的时候，我琢磨着康陵的特殊之处到底在哪里。

"此地距离永乐帝的长陵大约十里路。我们所处的山叫作金岭山，也叫恋花山。据民间传说，正德皇帝荒淫无道，所以只活了三十一岁。他死的时候，就葬在了这座山下。民间称这山为'恋花山'。"会不会是莲花山？远处的山景也有些莲花的形态，只是不够明显。"说不清了，都是些民间传说。"

"据说，正德皇帝临死的时候，对他生前所为还是有所悔悟的。所以，他留下的遗诏，是让太后同阁僚重臣共商国是。"

"要说康陵的最大特色，或许是它所在的方位吧。"自永乐帝的长陵起，至弘治帝的泰陵为止，六座皇陵皆是坐北朝南。而正德帝的康陵，则开创了坐西朝东的全新格局。

康陵的明楼是重修的，原来的明楼在1644年李自成闯入十三陵时损毁。此后，清朝政府似乎补修过明楼，但也未能留存至今。明楼内外的古迹，如今只有一座破损极为严重的石碑，上刻"大明武宗毅皇帝之陵"字样。

与蒙古部族实现历史性和解的，正是这位皇帝

距离康陵不算太远的地方，便是明昭陵。要说起这昭陵中所安葬的帝王，乃大明第十二位统治者"穆宗隆庆皇帝"朱载垕。每当我与他人聊起此君，一般都会拿另一个人作类比。这个人，便是孔鲤了。孔鲤的父亲，乃圣人孔丘。而孔鲤之子，则为刊定《中庸》的孔汲（子思）。只有孔鲤，一辈子默默无闻，在《论语》中的出场次数也不过两回。一次是被他父亲问到"学诗否"；另一次，则被问及"学礼否"。可孔鲤不争气，每次问罢都摇头。这就惹得孔夫子大发雷霆，说出了两句千古名言："不学诗无以言""不学礼无以立"。而与孔鲤有着同样尴尬身份的，便是昭陵之主——明穆宗朱载垕了。他的父亲是统治了大明王朝四十五年之久的"道君皇帝"朱厚熜；而他的儿子，

第十四章 燕山山脉下的风云往事

则为垂拱江山四十八载的"怠政皇帝"朱翊钧。两朝天子在位时间加起来竟然超过九十年,而夹在中间的隆庆朝(朱载垕的年号)不过短短六年而已。

虽然朱载垕只当了六年多的大明帝君,但也并非一样事都做不来。就在他当政的那段日子里,明朝政府竟然同敌对了近两百年的蒙古人议和了。这件事,在国史上,被称之为"隆庆和议"(发生于1570年,即隆庆四年)。要知道,在大明朝二百七十三年的统治岁月里,总共出现过三大边患:蒙古之患、倭寇之患与女真之患。其中的倭寇之患,始自元末明初,一直持续至明朝的万历年间,可谓时间跨度最大。但那不过是"腿脚"上的疾患,远不及另两大患来得严重。而有明一代,为了解决蒙古之患——前有太祖时代的徐达扫北,继而是成祖御驾亲征,接着又遭遇了英宗朝的"土木堡之变"与景泰帝时于谦组织的"北京保卫战"。最终,以穆宗朝册封俺答汗"顺义王"为标志——这西北之患才算解除。可老天爷却不让明朝天子有丝毫清闲。西北刚无患事,东北又燃烽火。女真人的领袖努尔哈赤以十三副铠甲起兵,拉开了颠覆大明王朝的大幕。而此时，正值朱载坖的接班人明神宗万历皇帝在位之际。

还是回头来谈明昭陵。"入住"昭陵的，除了穆宗朱载坖本人，还有他的三位皇后。此三后，一位是没享过皇后之福便溘然夭亡的李氏，昌平人；一位乃陪伴了穆宗六年帝王生涯的皇后陈氏，通州人；还有一位，则是养育了万历皇帝的皇贵妃李氏，通州人。这位李太后陪伴着自己的儿子，从冯保、张居正的辅政时期开始，荣享了四十二年的太后之福。李太后崇信佛教，为此，在京城内外大肆修塔造庙，为后辈子孙留下不少古迹。如今日的长椿寺、万寿寺、慈寿寺塔等，皆与她有关。

从昭陵的宝城上东望，所能进入视野的，便是朱载坖儿子的定陵了。在那里，游客四季如织。此番景象，远胜过昭陵的人迹寥落。

夹在明楼与宝城之间的，乃一道月牙城。据说修造完陵寝，所有的工匠都要集中于此，服用嚓药，然后变为哑巴，以防泄露机密。于是，这月牙城，也被称作"哑巴院"。只不过，隆庆帝陵寝的"哑巴院"乃十三陵中的首创。在此之前,曾经建于天寿山下的八座帝陵中并无此种设计。不信的话,去明成祖的长陵里转一圈便清楚了。而此后的四处皇坟却都沿用了昭陵的做法,建造起更为高大的月牙城来。

第十五章

前人播种后人收，说甚龙争虎斗

"邂逅"历代帝王庙的皇帝谱系

历史名词

"三皇五帝"　夏禹
商汤　周武王
东周平王　秦始皇
汉高祖　汉武帝
汉光武帝　魏王曹丕
西晋司马炎　东晋司马睿
隋文帝　唐高祖
唐太宗　武则天
宋太祖　辽太祖
金太祖　成吉思汗
忽必烈　明太祖
清军入关　康熙帝
乾隆帝等

第十五章　前人播种后人收，说甚龙争虎斗

传出琅琅读书声的古老帝王庙

　　我儿时的家在东单北大街上，每次坐公交车去动物园总会经过阜成门内大街。其实，与动物园同处一线的，应该是西直门内大街才对。但西直门内大街的道路狭窄，并排行驶两辆大公交确实困难。所以，大部分出城去的电汽车，都会选择走阜成门内大街，因为这里的街面宽阔。然而许多年后，当我看到一些关于北京城的老照片时，才猛然间意识到：原来阜成门内大街之所以被拓得如此宽阔，是拆掉了历代帝王庙临街的三座石桥和两座跨街的"景德"彩绘牌坊的结果。料想当年拆牌坊的人，也应觉得如此有些"暴殄天物"吧。于是，才会想着将拆下来的所有构件都收藏起来。待长安街上的首都博物馆新馆建成后，又在展示大厅内重新搭建起来。只是可惜这牌坊再也回不到原地；而且，两座几近完好的高头大坊，其中之一也早已无存了。

　　当年经过此地，总觉得其门面太过显眼。而门口挂着的牌子，却是"北京市第一五九中学"。这让童年的我印

象颇深。这样的大院子本该是个王爷府第才对，怎么会成了中学？后来我得知，这里被当作学校，是在北平香山慈幼院（原址是在香山公园的香山别墅、香山管理处、香山饭店等地）创设北平幼稚师范学校（原址位于香山公园见心斋）的时候。自从1931年学校迁到这里，至2003年为保护文物而"光荣撤出"，这所不折不扣的平民学校，曾经入住了七十二年之久。当然，于清末民国时代，京城确实乃"庙多校少"之地。民众大部分都是文盲，所以"烧香、磕头、拜庙"者甚多。因此，近代名士熊希龄与大教育家陶行知一商量，决定筹措资金，把那时早已撂荒了的历代帝王庙给盘过来，改造成学校。尽管功能发生改变，但庙门、戟门与大殿等，并未遭到改动。

参观历代帝王庙，相当于复习了好几遍中国古代史

历代帝王庙里的戟门，叫作景德崇圣门；而大殿，则被称为崇圣殿。说到皇家"崇圣"，而且是要祭祀本朝以

第十五章　前人播种后人收，说甚龙争虎斗

前的历代帝王，那么，首先摆在后辈子孙面前的问题便是"究竟有哪些位帝王，值得让正统王朝供奉香火"？

此事，还得从明太祖朱元璋于南京城建造的早期帝王庙谈起。在明代以前，前朝的帝王祭祀是散落于各地的。自明太祖开始，就把那些先辈的"游魂"聚拢在了一起，并建庙祭拜。太祖爷还定下了国家级的入祭规范："重一统，崇明君、弃昏君。"由此，三皇（伏羲、神农、轩辕）、五帝（少昊、颛顼、帝喾、唐尧、虞舜）、夏禹、商汤、周文王、周武王、汉高祖、汉光武帝、唐高祖、唐太宗、宋太祖和元世祖忽必烈，成了最早受到供奉的十八位皇帝。这里面，屏除了秦始皇、汉武帝、晋武帝之类所谓"雄才大略"的帝王，从而反映出明初君臣"重视开国之君"（还必须是施行仁政的开国之君）的观念。所谓"三皇五帝"，是古代历史上逐渐形成的一群"史前"君主。而今看来，他们是如同神话传说一般的存在。此后，夏朝、商朝、西周、西汉、东汉、唐朝、宋朝和元朝的开国之君都在其列。而东周平王（已经没有了共主的权威）、秦始皇（被认为是短命大秦的"残暴之君"）、魏国曹丕（篡汉）、

西晋司马炎（篡魏）、东晋司马睿（偏安一隅）、隋文帝（短命王朝开国之君）、武则天（所建立的大周王朝不被认可），纷纷被剔除在外。

时隔未久，隋文帝被加了进来。而之前列入其中的周文王（只守着殷商的臣节，却没有开创大周王朝）、唐高祖（由于受李世民篡改后的史书影响，认为其算不上唐帝国的缔造者）被清除了出去。然而，这番改动刚刚完成，历代帝王庙便失火了。紧接着，朱元璋手下的臣子们议论纷纷，众人的意见大都一致，将此次灾祸的源头认定为：因添置隋文帝的灵位而触怒了神灵。于是，明太祖只好再行裁撤。此外，朱元璋曾于洪武十年（1377）在北京（当时还叫作北平）的锦什坊街内建造过一座元世祖（忽必烈）庙，用来安抚、笼络蒙古民众之心。据说，在这座庙宇建成后，朝廷会按时派大臣前往拜祭。但祭祀归祭祀，蒙古帝国的后裔该闹也还是要闹。待明英宗时期"土木堡之变"过后，明朝政府便不再进行祭祀，元世祖庙也被冷落下来。及至嘉靖二十四年（1545），这座明代京城内唯一供奉少数民族帝王的庙宇终被撤销，目前连具体方位都不太

第十五章 前人播种后人收，说甚龙争虎斗

好找了。

明成祖朱棣迁都北京后的一百多年的时间里，居然根本没打算在新帝都中另行建造一座综合性的帝王庙。皇帝若想起祭祀前朝之事，要么就派人远抵南京帝庙，要么便同天地之祭放在一起。此种乱局，直到极重礼法的嘉靖帝在位时才告终结。

嘉靖九年（1530），嘉靖帝决定，将以往凑在一起进行的天、地、鬼祭祀，悉数分开。由圜丘坛来祭天，用方泽坛去祭地，单独修建一座新的历代帝王庙以祭奠前代祖宗。按说这也算是嘉靖帝的一件"善举"了。但他此时正极度憎恶蒙古人（还为此挑起了鞑靼与明帝国之间的冲突），于是便将元世祖忽必烈的灵位撤了下来。几百年后，乾隆帝就此评论道：此乃"置一统帝系于不问矣（根本就不考虑是不是统一王朝的开国君主）"。

等到大清皇帝坐稳了北京城的顺治二年（1645）前后，由摄政王多尔衮做出决定，将已然成为前朝"祖宗"的朱元璋的牌位从紫禁城东侧的太庙迁移至帝王庙中。由于满人的先辈乃女真民族，于是，多尔衮又把北方三朝的开拓

之君（辽太祖耶律阿保机、金太祖完颜阿骨打、金世宗完颜雍、元太祖成吉思汗和元世祖忽必烈）的牌位也立于帝王庙之内（注意，这里面没有西夏王朝的李元昊）。又过了十五年（1660），亲政后的顺治帝另将商王太戊、商王武丁、周成王、周康王、汉文帝、宋仁宗、明孝宗（弘治皇帝）的牌位一并添加了进来。这些皇帝，都被认为是治国有道的明君。

时光荏苒，又是六十二个春秋已去。待到康熙皇帝即将结束其漫长的执政生涯之际，或许是有感于"如何面对后世之评价"这一难题，康熙帝决定：要给历代君主的入祭标准（也就是能不能享受政府级别的祭祀费），画出一道"合格线"——"凡曾在位，除无道、被弑、亡国之主外，应尽入庙崇祀。"按照这样的标准，至雍正帝登基之初，帝王庙中的先君牌位，一下子就增加了一百四十三个。当然，康熙皇帝的入祭"合格线"，也是因人而异的。比如，玄烨认为——"有明天下，皆坏于万历、泰昌、天启三朝。愍帝（崇祯皇帝）即位，未尝不励精图治。明之亡，非愍帝之咎也。"于是乎，自明神宗起的三代帝君都无法入祭。

第十五章　前人播种后人收，说甚龙争虎斗

而吊死在煤山之上的崇祯帝，却于帝王庙中占据了一席之地。

照此标准，没有得以祭祀的帝王，经我的推测，大致有如下这些：夏朝太康（使得夏朝失去了政权）、夏桀（最终导致夏朝灭亡），商纣王（"牧野之战"后商朝灭亡），周厉王（闹得天怒人怨，从而形成了所谓"共和时期"）、周幽王（烽火戏诸侯，犬戎灭西周），秦始皇（统治残暴）、秦二世（夺位不正且统治残暴），东汉桓帝、灵帝、献帝（宦官当权、政治黑暗，导致"黄巾起义"，诸侯争霸，终至东汉灭亡），曹魏及东吴诸帝（受汉朝皇室刘备称帝为尊的观念影响，这些帝王都被认为是"篡汉"），蜀后主刘禅（亡国之君），西晋诸帝（"篡魏"而无资格称帝），十六国诸王（偏安一隅的少数民族或汉族王国），南朝梁帝（行为古怪而失国），隋文帝、炀帝（短命王朝），武则天、唐中宗及僖宗以后诸帝（唐后期的政局混乱责任，大致由他们承担了），五代后梁、后唐、后晋、后汉诸帝（偏安政权），北宋徽钦二宗（统治腐朽，导致北宋灭亡），辽天祚帝（亡国之君）、海陵王（篡位而不被承认），明代

万历、泰昌、天启三帝（有意思的是，没有庙号的建文帝与丧失皇位的景泰帝，反而能够入祭）。如果你能看下来，大概便会察觉得出，大清帝君该是有着怎样的历史观了。

第十六章

媲美文艺复兴时期作品的明代壁画

遍览北京的明代壁画

历史名词

科举制度
明朝厂卫制度
明朝绘画艺术

第十六章　媲美文艺复兴时期作品的明代壁画

法海，你究竟是个怎样的人？

头回听说"法海"二字，是观赏一部叫作《新白娘子传奇》的古装剧。记得在戏中，有个充当反派的大和尚，僧名便为"法海"。于是"法海"这个名字算是被我记住了。在童年时代，只要是谁提及此名，我的脑海中便总会冒出一副凶神恶煞的面孔。

其实，历史上真实的法海，绝对是位令人钦佩的高僧。这位法海和尚本姓裴，他的父亲乃是唐懿宗朝的户部、礼部尚书裴休，即民间所说的"相国裴公"。这位裴相国的二公子，名曰裴文德，乃进士出身，甚至有资料讲，裴文德考取的是状元。这在当时可不得了。唐代曾有"五十少进士，三十老明经"的说法。意思是五十岁能考取进士功名都算是年轻的，而三十岁才考中明经功名，显然已经太老了。由此可知考取进士科的艰难。这么聪明的一个人，却在唐宣宗大中三年（849）被裴休送到寺院里出家了。这是什么情况？

原来，唐宣宗的皇子得了重病，天下名医皆束手无策。病急乱投医的裴休索性将裴文德送入自家捐造的密印寺（位于湖南宁乡，乃沩仰宗的发祥地）"代皇子出家"。密印寺的住持，也就是沩仰宗的开山祖师灵祐和尚为裴文德赐号法海。在法海侍候灵祐和尚一些年后，祖师命其四处游历弘法。据说，法海来到了而今江苏镇江的一座山上，准备开设道场。

就在发掘地基时，法海等意外收获了一批黄金，随即将黄金献给镇江太守，太守又将此事上报朝廷。皇帝知晓后甚为感动，又把黄金赐还给法海，且钦赐该寺庙为"金山禅寺"，法海成为第一代住持。

彼时，镇江地区气候炎热，有白色巨蟒危害民间。据一些史料记载，法海曾主导过驱除白蟒入江的佛事。他的举动并无不妥，但在数百年后却被说书唱曲者改变了味道，以致鲁迅先生要在《论雷峰塔的倒掉》一文中大发议论："和尚本应该只管自己念经。白蛇自迷许仙，许仙自娶妖怪，和别人有什么相干呢？他偏要放下经卷，横来招是搬非，大约是怀着嫉妒罢——那简直是一定的。"

为此，著名古书收藏家韦力先生曾言道："（鲁迅）这个论断似乎值得商榷，毕竟法海出身于宰相之家，他受的传统教育会让他做出这样的事——如果确有其事的话——那只能说，这是他的理念所在，应该跟嫉妒没什么关系。"

媲美西方文艺复兴时期作品的法海寺壁画

在老北京市民的眼里，这法海并不是个反派，反而还有几分神圣庄严。民众能持这般看法，或许是出于"法海"二字的义——"佛法广深大如海。"不仅老百姓这样看，就连明清时期的帝王臣僚看法也是如此。

走近法海寺，却发现山门了无踪，好生奇怪。其实，法海寺"山门无踪"并非个例。在河北正定的隆兴寺，当地人也管它叫"大佛寺"，山门与第二道殿堂——天王殿之间，相隔有十数公里呢。然而此番建造的原因大都不详，于是只好归结于各种各样的民间传说了。至于法海寺山门，曾经建造在模式口大街路北，可见其规模有多大。现在法海寺的"山门"，其实是护法金刚殿。往里走便是天王殿，这座殿堂与金刚殿都是20世纪80年代重新建造的。

我每次到访法海寺，站在天王殿内看着那四周崭新的白墙时，都不禁要感伤一番——想来这明代古刹乃皇家敕造，从金刚殿一路下来理应到处都满布壁画才对。可现在这天王殿内，如此大的开间，竟然啥也没留下，真是着实可惜。而比照一下山西芮城的元代永乐宫，五座殿堂皆是满墙壁画，且处处精彩。可在此地，却只剩下一座留存壁画的大雄宝殿，这难道不是种莫大的遗憾吗？

现如今，法海寺还存留下了四样宝贝：明代壁画、明代藻井、白皮古松，以及明代铜钟。古松是围绕着大雄宝殿种植的，而壁画与藻井则都在大殿内。

法海寺壁画能够得到世人关注，要归功于德国女摄影师海达·莫里逊。她是最早进入法海寺，并尝试着为壁画留影的人。那时的海达·莫里逊，正管理着东交民巷的一家名为"阿东"的照相馆。若干年后，阿东照相馆洗印出一批来自陕北的照片，拍摄者名叫斯诺。

继海达·莫里逊之后，法海寺又迎来了英国女记者安

第十六章　媲美文艺复兴时期作品的明代壁画

吉拉·莱瑟姆。她把自己拍摄的壁画照片以及撰写的文章统统刊登在《伦敦画报》上,引起了西方人的关注。安吉拉在文章中写道:"我们发现殿内四壁都布满了壁画!我们兴奋地打开了其他门,利用一面镜子把阳光折射进了殿堂内部。令人惊奇的画面顿时展现在我们的眼前。我敢说自己从未见过任何其他绘画能具有那么崇高和迷人的风格。"曾经有西方学者在对比了15世纪的东西方壁画后,说出这样的话来:"法海寺壁画,是与文艺复兴时期(14—16世纪)壁画同时出现的。其艺术成就,也是可以与意大利教堂壁画相比肩的。"

这些画的作者是谁呢?答案就在法海寺一方"楞严经"石幢(石头柱子)上,那里刻着修筑法海寺的工匠姓名。据研究者考证,这些工匠皆来自宫廷造办机构,乃皇家御用之人。由此看来,这法海寺的壁画,就是大明朝的宫廷画作。所以,对于这"体现了明代佛教绘画最高水平"的法海寺壁画,无论如何赞美都是当之无愧的!

智化寺的佛像背后

法海寺地处京西石景山区的模式口大街北侧,到北京城区毕竟还有些距离。而在城区内的著名古刹智化寺里,至今还保留着京城难得的一幅明代壁画。此处壁画的艺术成就堪与法海寺相媲美。而画中的主角,却不是司空见惯的倒座观音。按照佛家的说辞,"文殊菩萨骑狮,普贤菩萨坐象,观音大士御金毛犼,地藏王菩萨乘谛听"。在这幅壁画当中,但见菩萨手中持锡杖,脚下踩谛听。此般形象,只能是地藏王菩萨金乔觉了。这位金乔觉,乃新罗国(如今位于韩国境内)的来华留学生。或许,这是中国历史上最出名的一个高丽人了。他生于唐太宗贞观三年(629),死于唐玄宗开元十六年(728),享寿九十九岁。其晚年时光,皆在安徽省的九华山修行。如今,九华山的肉身殿内,还存放着金乔觉的千年不朽之躯。

此处壁画水平虽高,却并不属于智化寺,它的"娘家"乃位于东花市的卧佛寺。说起来,北京的卧佛寺不止一处。香山植物园里有一座,大殿内供奉着的是铜质卧

第十六章 媲美文艺复兴时期作品的明代壁画

佛；而位于东花市的这座则供奉着京城最大的一躯木质卧佛。据说曹雪芹还曾经在东花市的卧佛寺内修行过一段时日，这大概也是由于此庙距离曹家居住的蒜市口十七间半房子不远之故吧。如今，曾经的东花市卧佛寺内只有两件宝贝存世，一者为木质卧佛，现藏于北京法源寺的藏经阁一层；再者便是这幅壁画，现被安置在智化寺的智化殿内。

北京境内唯一的"帝后"壁画

比法海寺和卧佛寺的壁画稍逊一筹的，或许就是神秘古刹承恩寺了。说承恩寺神秘，是因为自明代正德年间寺院落成之日起，便定下了三条规矩："不受香火，不做道场，不开庙。"这就怪了，试问天下庙宇，倘若断了此等收入，想必连嵩山少林寺、杭州灵隐寺之类的名刹也断难维持得下去吧。而一些大庙逢年遇节也会腾出些场地来，筹办庙会以供一年嚼裹儿之需。可这些生财之道，看来皆与承恩寺无缘。难怪这座位于京西古道旁的皇皇大庙在数百年间会乏人问津了。

那么，这座数百年间了无香火的古刹，又是如何维持下来的呢？在明清两代，由帝王之家、官宦贵胄、内廷太监所建造的庙宇，可谓是不计其数，但大多都有个从官方走向民间的过程。而这承恩寺，却一直闭门谢客，绝不轻易招揽朝拜者。此中原因，到底为何呢？还是让我们先来探探这座庙的由来吧。

在大明正德年间被授予全权建造此庙的人，在史籍中是能查得到的。此人名叫温祥，是司礼监的太监，按照大明内廷二十四衙门的职位等级，可谓是最高。而且，经他之手处理过的案件在当时也是无人敢办：其一，彻查山东鲁王被诬陷之案；其二，协助皇太后，铲除大权臣江彬之案。想那江彬，于正德朝中是何等的气焰熏天，能制服得了此人者，必是口含天宪、紧握权柄之人。而以太监身份做到此事的温祥，一定是掌握着大明朝"二厂一卫"特务组织的头目了。

能证明承恩寺具备特务功能的，或许就是它的四面碉楼。放眼帝都，布置了碉楼的寺庙，只有两处：摩诃庵与

第十六章 媲美文艺复兴时期作品的明代壁画

承恩寺。摩诃庵的碉楼高不过五六米，而承恩寺的碉楼却高达近十米。用此般高耸的碉楼来做瞭望台，监视熙熙攘攘往来于京西古道之上的官民，估计是再合适不过的了。

除了碉楼的设置，承恩寺内还有一个独一无二的奇特布局——钟鼓二楼居然不在天王殿前的院落里，而是与天王殿连为一体。这样的安排是出于何种考虑，在史籍中没有说法，于佛教规制里也没有记载。

按照早年间流传下来的说法，模式口地区有三绝：田义墓的石工、法海寺的画工、承恩寺的地工（宫）。生活在模式口一带的民众，几乎少有进入承恩寺地宫的。而今逛承恩寺，除了碉楼、壁画、银杏树等文物古迹外，也很少有人能进入地宫。由此看来，承恩寺的地宫确实是模式口地区最大的秘境之一了。而地宫是做什么用的呢？根据寺中老僧的传说，明正德年间的司礼监太监刘瑾，曾经在此组织过和尚兵。而这些和尚兵，实际上是出家的太监。他们大都训练有素，具备军事方面的专业水平。刘瑾组织自己的武装力量其实是想要造反。承恩寺恰恰是作为屯兵之处来使用的，或兵丁，或兵器。当然，传闻只是传闻，可地宫规模之庞大，也可见一斑。

由此看来，这种种特殊之处，都绝不该是一座普通寺庙所能拥有的。我推断，若要保持数百年间的"门庭冷落车马稀"，就一定要有明清两代政府持久而充足的财力支持。这从清代王思任的《游西山诸名胜记》里或许能够得到佐证：明朝万历皇帝朱翊钧曾在承恩寺内居住过；替万历帝的皇位继承人朱常洛出家为僧的大和尚也曾在这里当过住持。此外，万历朝所留下的"龙椅"等御用之物，一直被保存到了清初。

当然，最能用来体现承恩寺尊贵的文物，便是承恩寺天王殿中的明代壁画了。要说起来，在承恩寺内所幸存的这一殿壁画中，天王殿的墙壁之上，绘有四条飞龙（黄、绿、青、白各一色），位于曾经的四大天王身后。这在国内的寺院壁画中，称得上是空前绝后。更为神奇的是，这四龙腾空的图案，还只是一道"开胃菜"而已。于飞龙之后，所能引导出的是"明代帝后放生图"和"明代帝后放飞图"。天王殿中竟已赫然出现帝后的形象，那在大雄宝

第十六章 媲美文艺复兴时期作品的明代壁画

殿内,又会有怎样的绝世尊容呢?我不敢妄想,也无法揣测。

根据一些文献中的记载,承恩寺于晚清民国时期一直是礼亲王家族的家庙。随着时代的变迁,大雄宝殿的木料及文物被拆卖,将殿堂的等级"以高改低",便显得顺理成章。大雄宝殿内的壁画是否消失于此时的拆卖中,目前还无法断定。

除法海寺与承恩寺之外,在北京辖区范围内,还有几处存留着或是曾有过精美壁画的庙宇。比如,与承恩寺一样紧闭大门的海淀区大慧寺,已经被毁掉的房山区上方山诸寺(庵)与西城区宣南的圣安寺。这些寺庙内的壁画,共同构筑起了明代京师一片绚烂多彩的艺术天堂。

第十七章

紫禁城中的皇家往事
再访清代的紫禁城

历史名词
康乾盛世
养心殿
慈宁宫

第十七章　紫禁城中的皇家往事

逛故宫的 N+1 种行走方式

身边的朋友曾经问我，如果逛故宫，两小时出得来吗？我点点头，表示没问题。

这便是两小时以内的玩法了——从午门起步，经太和、中和、保和三大殿，过乾清门，再由乾清、交泰、坤宁三宫，至御花园，最终抵达神武门，就算完成了"也曾来过"之旅。倘若你是个有心人，想在这故宫里细细地逛，那就至少需要准备一周的时间了。从每天早上八点半开门，直到下午四点半或五点闭馆——每一时刻，都能在某个地方，让你停下脚步。这里所讲的细逛，当然是指任由时光流转地于此驻足、凝视，静静体会紫禁城里的每一处建筑、每一件文物，或是每一组建筑小品如石狮子、华表、香炉、须弥座等，从而真正融入这大故宫之中。

好了，由于篇幅所限，咱们只聊聊故宫的几处区域，比如养心殿、慈宁宫。

偌大一座紫禁城，皇帝最亲近的或许就是养心殿

养心殿，只闻其名，想必你会认为这里是皇帝"闭关修炼、静卧思考"的地方吧。这处帝王宫阙并不是位于皇城的中轴线上，这对于象征着四海一统、东西对称、中规中矩的帝王居所而言，就显得有些"不端正"了。话说回来，自明成祖朱棣初建紫禁城起，至清朝康熙帝去世为止，帝王的所居之处都在乾清宫。其中，就包括明代的十四位皇帝，以及清代的顺治、康熙二帝。可到了雍正帝即位，皇帝的住所便迁至偏离中轴线的紫禁城西侧（乾清宫的西南侧）——养心殿。与养心殿毗邻的，是皇太后蛰居的慈宁宫。这两大权力中心，都设置在乾清宫的西边。至于东侧，则为祭拜祖先之用的奉先殿，以及配套设施斋宫和毓庆宫。当然，在养心殿和奉先殿的北侧，还分布着后宫妃嫔的宅院。

起初，康熙帝曾将养心殿作为自己的"科学院"来使用。他诏令西洋传教士来此教授近代科技。康熙帝也曾设置"养心殿造办处"，制造出一批中西式的工艺品。到了

第十七章　紫禁城中的皇家往事

康熙朝后期，造办处才从养心殿迁往外西路，也就是前朝西侧的区域。

待到康熙帝晚年，曾因儿子们争夺太子之位而大为苦恼。他满怀悲愤地痛骂儿子们："朕日后临终之时，你们肯定会将朕放在乾清宫不管不顾，然后相互厮杀。"或许康熙帝眼前呈现的，是齐桓公或赵武灵王去世前的场景。雍正帝即位后，每每想到父亲说过的话，估计都会冒出一身冷汗来。于是，他以为康熙帝"守制""尽孝"的名义，在乾清宫边上的养心殿长期居住下来。过了"守制"期，也干脆不再挪窝了。

走进养心殿的明堂，抬头便可见到"中正仁和"的四字匾额，这是雍正帝题写的。自雍正帝入住以来，一直到光绪帝实行"戊戌变法"为止，此处都是皇帝办公的主要场所。在有清一代，地方或京内的中下级官员一般是见不着"真龙天子"的。若确实有需要，这类官员则会请求高级官僚引荐，并且要由王公重臣带路才能觐见君王。这便是大清朝的"引荐制度"。此时的皇帝，需道貌岸然、衣冠楚楚地召见，一副公事公办的模样。帝王确实很累，但不如此，就不足以体现皇威。

帝王很累，有时候还有生命之虞。比如，嘉庆十八年（1813）发生的天理教起义，也被称为"癸酉之变"。尽管嘉庆帝当时尚在平谷丫髻山的行宫中，还是吓得不轻。他的儿子旻宁站在养心殿下，正赶上几名天理教徒越墙入宫。于是，旻宁用鸟枪击毙了两名闯宫者。这件事，为旻宁得到储君身份奠定了基础。

养心殿的西暖阁原本就不大，又被分成了里外几间。其中的前室，是皇帝批阅奏章、单独召对臣僚、圈定殿试前十名试卷（以定状元、榜眼、探花次序）等处理日常事务之地。室内高高在上的匾额，是由雍正皇帝御笔亲书的"勤政亲贤"。此前，还曾挂过一块"为君难"，后来更换了。匾下的"惟以一人治天下，岂为天下奉一人"楹联也出自雍正帝手书。这让我想到《三国演义》里曹操的那句名言："宁可我负天下人，休教天下人负我。"正好与雍正帝的说法相反。或许世人见到最多的，还是乾隆爷的御笔。比如这间屋内，除了殿额和楹联外，皆出自乾隆。但他父亲的书法水平，一点也不逊色于爱出风头的弘历。

第十七章　紫禁城中的皇家往事

　　三希堂，是乾隆皇帝为自己布置的一间私密小室。按说起来，泱泱大国、千余平方公里的"地主君王"，是绝不缺地方住的。但乾隆帝这位成就了中国最大版图的"真龙天子"，留给自己的空间却叫人难以启齿——4.8平方米，相当于现在住宅一个中等卫生间的面积。不过，话说回来，地方够用就得了。倘论古代帝王身边的物件、摆设，若是属于恢宏大气类型的，那么，大都是摆着让别人看的。看完了，自然而然地就会消弭"犯上"的念头。这样的物件必然与三希堂无缘，那些小巧玲珑、精致细腻的，才是皇上自己把玩的。既然喜爱的是些精巧的东西，用来存放这些摆件的空间，也就不需要太大了。中国传统工艺品之美，不在于顶天立地，而在于小巧可爱。

　　三希堂的寓意，在于"士希贤，贤希圣，圣希天"，是说读书人好当，但能够通晓天地间之大运道者却是难上加难。此外，乾隆还把自己收藏的三件重要书法作品也一并放置在这里。因为太过稀罕了，所以也可称之为"三希"，这便是王羲之的《快雪时晴帖》、王献之的《中秋帖》和王珣的《伯远帖》。

除了书画作品，西暖阁中的玉器摆件也值得一观。自从1757乾隆帝平定了准噶尔与回部大小和卓之乱后，中原与西域之间的交通又重新顺畅起来，大量的和田玉料被输送至大内。由此，在中国古代的工艺美术史上，出现了最后一个玉器制造的高峰。其成果，相当部分出现在皇家的多宝阁之中。

如果说养心殿里的西暖阁伴随了大清王朝之雍乾盛世，那么，朝堂对面的东暖阁，则见证了大清帝国的衰落与覆亡。曾在这里坐朝听政过的皇帝，总共有三位：同治帝载淳、光绪帝载湉、宣统帝溥仪；替他们拿过主意的皇太后也有三位：慈安皇太后、慈禧皇太后、隆裕皇太后。另外，曾辅佐过这六位"主子"的，乃是四位亲王：恭亲王奕䜣、醇亲王奕譞、庆亲王奕劻、小醇亲王载沣。这四位皇室贵胄，出自三个"铁帽子亲王"的府邸。尤其是醇亲王家族，居然还诞生过光绪和宣统两位"真龙天子"。从如此阵势，你也能想见东暖阁的政治影响力吧。可惜了，在这群人中，具有时代眼光的并不多，其余诸公，皆乃工业文明时代的"错位者"。

第十七章　紫禁城中的皇家往事

如今东暖阁是依照隆裕皇太后"垂帘听政"时的布置来设计的。按说，那些年幼的皇帝只是将这里作为习练"九五至尊"威严的场所才对。但若深究起来，这东暖阁，却还曾是皇帝"龙驭宾天"（去世）之地。自1644年满洲人入关，有清一代总共十位帝王在京理政。其中顺治帝、乾隆帝和同治帝，都是死在了这间不大的东暖阁里。

也就是在这间东暖阁里，1912年的早春，显得如此寒冷刺骨。大清王朝的末代皇帝宣统帝溥仪，在末代皇太后隆裕的怀抱中，命令太监在一份《逊位诏书》上加盖了"皇帝之玺"，最终完成大清国灭亡的手续。这份名垂青史的"诏书"，是由晚清举人杨廷栋起草，晚清状元、大实业家张謇润色，晚清大吏、总理大臣袁世凯审阅，才得以用玺颁布的。

东暖阁中，保存着三枚玉玺：青玉交龙纽慈禧皇太后御笔之宝、檀香木柱光绪之宝、青玉交龙纽同治尊亲之宝。使用的时间是在1861年"辛酉政变"之后，至1908年光绪与慈禧去世之时。这三通国玺，曾经用来盖在多少宗不平等条约之上，又曾启动过几许使中国步入近代化的伟业，我是估算不来的，只有留给历史专家们去细细考察了。

大清皇太后的威仪，尽在一座慈宁宫

说罢乾清宫及东西暖阁，咱们再来聊聊慈宁宫。

在明朝的时候，慈宁宫是皇贵妃及重要妃嫔的居所。而在明万历年间，以皇贵妃身份升为太后的万历帝亲娘李太后，是第一个居住于此的大明皇太后。当然，这在有明一代只是个孤例。等到万历帝去世，他最宠爱的皇贵妃郑氏，也曾被安置在这里。这样的情形，一直延续至1644年明朝覆灭。

待到大清顺治十年（1653），曾经是皇太极偏妃的博尔济吉特氏入住慈宁宫。当然，她此时的身份，与前朝李太后一样，已经成了大清的孝庄皇太后。而且，孝庄皇太后比起李太后更多了一重威仪，这与她掌握着大清帝国的实权有关。孝庄太后曾历经天命（努尔哈赤）、天聪（皇太极)、顺治(福临)、康熙(玄烨)四朝,对大清创业厥功至伟。

孝庄太后于慈宁宫的居住地,一开始是在后殿。住了一些年,孝庄太后将后殿改造为大佛堂,专供自己礼佛之用。而太后本人则搬到了慈宁宫东南角的围房居住。又过了些年,孝庄太后入住慈宁宫东侧的小别院。别说那五间小别院看起来低调朴实,这里可见证了清初的一系列政治风云。

康熙二十六年(1687),七十二岁的孝庄太后病逝于慈宁宫。由她从小带大并教导多年的康熙帝,在悲痛之余提出了一个计划:拆掉慈宁宫,为皇太后陪葬。这一计划,震动了满朝文武。在大臣们的反对声中,康熙帝最终妥协:只拆掉孝庄太后生前居住过的东侧小别院,保留下慈宁宫的主体建筑。此后,出于对孝庄太后的尊敬,再没有人居住在这座主体建筑之中。

慈宁宫主体建筑一经闲置就是两百多年。其间,这里是作为专门的典礼场所来使用的。而且,这些典礼还都与当朝皇太后有关。

如果说孝庄皇太后是以政治家的风范入住慈宁宫的，那么崇庆皇太后便纯粹是凭借其子才能久居于此。崇庆皇太后姓钮祜禄氏，是来自镶黄旗的纯正满人。十三岁入雍亲王府侍驾，号格格。在大清朝，并不是只有皇帝之女为格格，自侧福晋以下的亲王妻室也可以被称作格格。因为"格格"在满语中的本义就是姐姐、姑娘。那时候，她所居住的场所就是如今的北京雍和宫。康熙十五年（1711），十八岁的格格为雍亲王胤禛生下了一个儿子，这也是她唯一的儿子，取名叫弘历。生育地点便是在雍和宫的东路院落中。日后，这个叫弘历的男婴，便成了大清朝的乾隆帝。

待雍正帝即位，已升为侧福晋的钮祜禄氏被册封为熹妃。此刻的幼子弘历，早已被其父认定是皇位的继承者。又过了八年，"母以子贵"的熹妃，进一步升至贵妃。等到雍正爷去世，钮祜禄氏便住进了慈宁宫。当然，这位已经被晋封为崇庆皇太后的女人主要居住在慈宁宫边的寿康宫里，留出慈宁宫是为着举行各种仪式之用。

乾隆爷驾驭寰宇六十余载（在位六十年，以太上皇身

第十七章　紫禁城中的皇家往事

份干政四年），对母亲极孝顺。因此，崇庆太后母子俩在中国古代帝后史上都是长寿的典范。皇太后薨时八十六岁，而弘历更是享寿八十九岁。

崇庆太后母子俩都是爱玩之人，更确切地说，是酷爱旅行。皇太后一生，北至盛京祭祖，东达泰山观云，南抵苏杭赏园，西及五台拜庙。有些地方还不只去过一趟，并且身边跟随着的，都是乾隆爷。

当然，在不离京城的时日，老太后也需要消遣。为此，太后六十岁寿诞之际，乾隆爷在大肆铺张一番后，还进献给母亲两份特别的礼物。其中之一，便是围绕着昆明池修建的清漪园。如今，这里叫作颐和园。当时的大清朝，确实是财政充裕，一项巨大的造园工程，居然能一挥而就。哪像慈禧晚年，为着整修颐和园，还得巧立名目，打着扩充北洋水师的旗号，被后辈人骂了足足百余年。

在享尽了人间的富贵荣华之后，八十六岁的钮祜禄氏终于走完了她的人生历程。老太后并没有死在寿康宫里，而是殁于大清朝最华美的一处园囿宫阙——圆明园的长春仙馆之内。此时的乾隆帝，也已经是六十八岁的老人了。

为了表达对母亲的孝敬之情，乾隆下旨，由造办处特制了一座金发塔。据说，此塔动用黄金三千多两，各种珠宝、绿松石、珊瑚等不计其数。塔内所存的，只有崇庆皇太后的几缕头发。而太后本人，则被安葬于清西陵雍正爷墓侧的泰东陵。

第十八章

与清王朝有关的王爷们

寻找京城内外的王府

历史名词

《红楼梦》
雍正帝
慈禧太后
「铁帽子王」
恭王府

第十八章 与清王朝有关的王爷们

大清王朝的第九位"铁帽子王"

清代的王爷实在有点多,他们的府邸遍布北京的东西城区,他们的家族墓地则远及京津冀大地。这篇小文不可能讲述太多清代王爷的故事,咱们只选几个来聊聊吧。

如果你读过《红楼梦》,那你一定会对"一荣俱荣、一损俱损"的贾、史、王、薛四大家族留下深刻印象。在清代的历史上,这样荣辱与共的家族,不仅来自显赫官僚,更是出于帝王之家。其中的代表,便是康熙帝的两个儿子——胤禛与胤祥。

幼年丧母的胤祥,自孩童时起,便与两个妹妹一道由德妃乌雅氏所抚养。此时并不显山露水的德妃,即后来承袭大统的雍正帝胤禛之母。这种阴错阳差的安排,正可谓是"老天爷眷顾",让胤祥与胤禛兄弟的人生轨迹重叠在了一起。两兄弟自幼年时代起,便晨夕聚处,感情深笃。胤禛奉命教胤祥算学,日事讨论。每逢塞外扈从,也形影相依。二人的兄弟情谊,一直保持到胤祥的生命终点。

童年时代的胤祥虽然深受其父玄烨的宠爱,但是,这位"文武双全"的皇十三子,却没有被授予太高的爵位。直到胤禛即位,才将胤祥跃升至总理事务王大臣,并晋升为怡亲王。在这里面,有一件令人匪夷所思的事:雍正元年(1723)之前,胤祥已经被圈禁长达十四年之久。要知道,被玄烨圈禁时间最长的便是皇长子胤禔与皇十三子胤祥。圈禁的缘由,乃诸皇子的夺嫡之争。为人歹毒的大哥,被其父长期监禁,亦属应有之义;但胤祥被禁十四年,这就有些超出常理了。待胤禛即位后,不仅将胤祥开释,还把他由无官无爵之人,一下子提拔到相当于"内阁总理"的位置。两人关系虽好,但胤禛根本不在乎"凡是玄烨做出的决策都应该始终不渝地执行",超拔其父禁锢之人,这就只能表明:胤禛不仅觉得胤祥很好,且有补偿十三弟"损失"的考量。而在《清史稿》中被描述得"貌似无争"的胤禛,其实一点都不"老实"。他的最忠实政治伙伴,正是为其挡枪的胤祥。于是,在夺嫡之争中起到了很大作用的胤禛被玄烨轻轻放过,而胤祥却被一关就是十四年。

胤祥只活到四十五岁。若是以康熙皇帝离世(1722)

第十八章 与清王朝有关的王爷们

为界，他这一生可划分为两个阶段：前一阶段自康熙二十五年（1686）胤祥出生，到康熙六十一年（1722）玄烨去世，共三十六年。除却幼时留下的一些愉快回忆，自青年步入中年的胤祥，一无封爵，二无官职。这与他的兄弟们相比，可谓是落魄到了极点。后一阶段，从雍正元年（1723）四哥初登大宝，至雍正八年（1730）其本人离世，总共只有八年。然而就在这不到胤祥生命历程六分之一的时光里，依他的才华、品行及风范，为康乾盛世中最短暂的"雍正时代"留下了浓墨重彩的一笔。可以说，若没有胤祥，胤禛的皇位便不会坐得那样舒服、那样安稳。胤禛评价其"公忠体国"，绝非虚言。

别的不讲，单谈其"忠"。胤禛即位之时，清廷内部各方势力错综复杂，胤禛的皇位不稳。于此情形下，他任命胤祥与贝勒允禩、大学士马齐、尚书隆科多四人为总理事务大臣。允禩曾是胤禛的政敌，马齐也曾为他声援，胤禛出于"战略"需要，才将其置于高位。隆科多因拥戴新君而受重用，但不久即被翦除。在这四人当中，胤祥乃雍正帝最倚重的大臣。后来，雍正帝回忆这段诡谲多变的时期，言语间相当感慨："辅政之初，阿其那（允禩）包藏祸心，扰乱国是；隆科多作威作福，揽势招权；实赖王（怡亲王）一人挺然独立于其中，镇静刚方之气，俾奸宄不得肆其志。"

说到胤祥"体国"，在于其待人接物方面能够秉持原则。他从为国举贤的大局出发，向雍正帝推荐优秀人才。康熙帝的第十七子允礼因被视为允禩同党，雍正帝命他看守陵寝，不予重用。胤祥觉得十七弟"居心端方，乃忠君亲上、深明大义之人"，奏请起用。雍正帝采纳他的意见，晋封允礼为果郡王，后晋亲王。允礼先后管理理藩院、工部、户部、宗人府，办理苗疆军务，均取得突出政绩。后来官至直隶总督的李卫，原先只是户部郎中，皇帝对他并不了解，胤祥觉得此人"才品俱优，可当大任"，极力保举，使其脱颖而出，成为最受雍正帝器重的股肱重臣。

谈及胤祥"谨慎"，可以从他选择万年"吉地"之事来印证。胤祥曾奉旨到泰宁山（今河北易县）为皇帝勘选陵址。雍正帝对选定的"上吉之壤"非常满意，认为胤祥立有首功，就把万年吉地附近的一块"中吉"之地赐给他。

胤祥听后却惊悚色变，惶惧固辞，说这等吉地只有大福大贵者才能受用。他又在六十里以外的涞水县境内为自己选定了一块墓地，认为这才与臣下身份相配，并奏请皇帝赐给自己。待胤祥重病，仍担心皇帝不收回成命，便再三奏请，雍正帝不得已而允其请。胤祥得旨后，高兴万分，手舞足蹈。当日就遣侍卫前往取土。数日后侍卫回来，呈看土色。因为这是皇帝赐予的吉地，胤祥竟迫不及待地取了一小块，手捧着吞到肚子里，口中还念念有词道："这样的话，则臣心安而子孙蒙福了。"此事在官修《清世宗实录》《钦定八旗通志》《内务府档》中均有记载，看来并非谣传。

生前受宠，身后哀荣的一代亲王

而今，那座由胤祥品尝过土质的园寝，就位于河北涞水县的水东村。若驱车前往，从高速涞水收费口下道，大概半个多小时的车程即可抵达。这是有清以来规模最大、建筑最精、等级最高的亲王之墓，体现了雍正帝对于弟弟的感念。20世纪30年代，园寝却被当地驻军盗挖。日军侵占涞水后，园寝的地上建筑又遭到严重破坏。目前，怡亲王陵园中仅存石牌坊一座；神道碑一通，碑上用满汉文字题刻有"忠敬诚直勤慎廉明和硕怡贤亲王神道碑"字样；华表一对，高约13米，柱基和柱体呈八棱形，表面雕刻大小腾龙；另有五孔桥一座。此外，便再无可寻之物了。

至于胤祥生前的王府，而今早已被拆掉了。据说，那座王府被拆掉后，留下了一座巨大的影壁（照壁）。由于影壁孤零零地矗立在胡同中，以至于当地老百姓根本不知道这是谁家的。于是，便有了影壁来自唐朝罗艺的"大帅府"之说。拆掉王府的时候，那里已改为祭祀胤祥的庙宇，名叫"贤良寺"。在清乾隆二十年（1755），贤良寺搬到了距离老庙不远的冰盏胡同（今校尉胡同）内。寺庙的规模虽然缩小了，但影响力却一点不减。在晚清的时候，成为李鸿章与十一国代表谈判的办公地，也曾接待过曾国藩、左宗棠、张之洞等名流重臣。

第十八章　与清王朝有关的王爷们

亲王府邸中的旷古奇书《红楼梦》

胤祥的王府变成庙宇，而继承了胤祥亲王爵位的后代又被搬到哪里去了呢？在北京朝阳门内大街路北，有一座始终敞开着大门，却很少有人光顾的中式建筑群落，文保碑上写着"孚王府"字样。在这里，曾生活着不止一代的怡亲王后人。这些王子王孙，为北京乃至全中国的文化史，留下了浓墨重彩的篇章。别的不说，单一部《脂砚斋评点石头记》，便已是举国皆知。当然，它时下的名称叫作《红楼梦》。

这事儿说来倒是有趣。《红楼梦》的作者曹雪芹，从他记事的那刻起，所熟悉（不一定见过面）的王爷，或许就是怡亲王胤祥父子了。雍正初年，曹家被抄，胤祥即奉命监管曹府事务的主要王爷。他的儿子、承袭了怡亲王爵位的弘晓，则保存了现存年代最为久远的一部《脂砚斋评点石头记》稿本，这便是享誉红学界的"己卯本"，或"脂怡本"了。据说，这是最接近"石头记"原著的一个抄本。作为文学爱好者与收藏家的弘晓，的确功莫大焉。

提起弘晓，我还想多说两句。此人的学问甚好，诗文亦佳。他曾经写过一首《君马黄》的词，其中说道："洛阳市上数家楼，五陵裘马少年游。千金一掷不回顾，豪情百尺谁堪俦？一朝冷落繁华已，贫富原来无定耳。"能有如此空灵超脱心境者，让人怎么也不会想到是位铁帽子王。

如此说来，眼下的这座王府，理应是怡亲王府才对。可怎么又改成孚王府了呢？其实，自第一代怡亲王胤祥去世后，第二代怡亲王弘晓便由旧府（已改作贤良寺）搬到了这里，且一直居住到第五代怡亲王载垣。这座府邸中总共住过四代五位怡亲王（载垣的哥哥载坊率先袭爵，但去世较早，怡亲王的爵位便由兄弟载垣来承袭），大致时间为雍正八年至咸丰十一年（1730—1861）。要说起来，最后一位居住于此的怡亲王载垣，还是个很有才能的政治人物。咸丰帝临终时，在其托付朝政的八位顾命大臣之中，便有载垣的名字。只是，一场"辛酉政变"让跟着肃顺的怡亲王爷受到牵连，丢了爵位，也丢了性命。他的家人也不得不搬出了怡亲王府。两年后，载敦被恢复了怡亲王的爵位，但旧日的府邸已经归属于孚郡王奕譓了。最后一座

第十八章 与清王朝有关的王爷们

怡亲王府，位于东单北大街南侧路东的北极阁三条内，也就是昔日的宁郡王府（首位宁郡王，也是胤祥的儿子）。而怡亲王府的新主人奕譞，乃道光帝的第九子，至同治十一年（1872）加封孚亲王。这等爵位，也算是对得起怡亲王之硕大府邸了。

自从孚郡王奕譞在此居住，这里又被称作"九爷府"。待奕譞去世之后，他的坟被安置在阳台山麓，距离七王坟不远。这也是大西山地区保留得比较完好的王爷坟冢。继奕譞之后，孚王府内又居住过三代四位降格承袭爵位的奕譞后人。至府邸的末代主人溥忻，已然降到了贝子爵位。至民国时代，孚王府被转卖给了张作霖的老部下杨宇霆。再往后，该府邸成了北平大学女子文理学院的校舍。而今，虽然被各种机构单位及家属宿舍所占据，但孚王府的主要建筑皆在，其中路的大门、银安殿等基本保存完整。于是，孚王府得以成为第五批全国重点文物保护单位。当然，依我的看法，把此处定名为"怡亲王府旧址"似乎更为妥当些。

最后的"铁帽子王"

大清朝开国有"八大铁帽子王",可以世袭罔替爵位(每一代人都有一位可以继承前一辈人的爵位,而不至于往下降一级)。自怡亲王胤祥开始,出现了第九位"铁帽子王"。再往后,又出现了恭亲王奕䜣、醇亲王奕譞和庆亲王奕劻等三位"铁帽子王",从而最终出现了"十二铁帽子王"。咱们就来聊聊最后一位"铁帽子王"奕劻吧。

对于奕劻而言,能让其留下最多情感的,是位于北京西城区定阜街上的那所老宅。

要说起定阜街来,这名字起得确实有点不伦不类。以龙头井胡同为东起点,至德胜门内大街为西端点的定阜街,似乎与安定门、永定门、阜成门之类的地标性名称都不沾边。那怎么就冒出个叫作"定阜街"的名字来了呢?待我查阅史料,发现这条街的名称居然与明朝开国大将徐达的后代有着极为密切之渊源。永乐年间,徐达的儿子徐增寿,由于"靖难之役"有功,被明成祖朱棣封为定国公。因此,他所居住的不宽之街,便被称为定府大街。时至清

第十八章　与清王朝有关的王爷们

代，徐氏家族权势无存，定府亦被改为"定阜"。而庆王府，就在这条定阜街的西头，出了府邸再往西，便是德胜门内大街的南北向街面了。斜对面，便是多少年后成为梅兰芳寓所的护国寺大街东段。

奕劻时代的庆王府，规模可是不小。而今能完整地保留下来且让我进去溜达的，是西路上的王府生活区。至于中路的银安殿区域，已经在被彻底拆除后建起了不高的高楼。据说，中路的后寝殿目前尚存。庆王府的东路建筑，则被改造得不知原貌，仅留下王府的规制。当然，这所谓的"奕劻时代"，也只是作为铁帽子王的庆亲王时代。至于清代中叶的非世袭罔替之庆郡王，是不住在这里的。

最早的庆王爷与现在的恭王府

那么话又说回来。有清一代最初被册封为庆郡王的，究竟是谁？他的府邸又被安置在哪里了呢？此人名气不大，乃乾隆皇帝的第十七子永璘，但他野心不小，想得到的府邸是尚且当政的内阁首席大学士、领班军机大臣、吏部尚书、户部尚书、刑部尚书、理藩院尚书、内务府总管、翰林院掌院学士、《四库全书》正总裁官、领侍卫内大臣、步军统领的和珅之宅。换句话说，也就是今日的恭王府。当然了，乾隆帝是不会舍弃和中堂而迫使其把宅子让与永璘的，但继承乾隆帝位的嘉庆皇帝却显得十分慷慨。毕竟，永璘是嘉庆帝的亲弟弟，他们的母亲是乾隆帝的宠妃魏佳氏。嘉庆帝将和珅家财抄没后，毫不犹豫地将和珅大宅的多一半送给永璘，其时永璘仅是庆郡王。永璘家族使用此宅，一直到清咸丰年间。而爵位已经降至辅国将军的永璘后代，不得不让出了对于其家族而言已属"逾制"的庆府。宅子新的主人是恭亲王奕䜣，而让出府邸的，正是年仅十七岁的奕劻。

在这里，还需普及一下大清朝的爵位制度。自世袭罔替的铁帽子亲王（如恭亲王奕䜣和成为庆亲王的奕劻）、非世袭罔替的亲王以后，依次是郡王（如永璘）、贝勒、贝子、镇国公、辅国公、不入八分镇国公、不入八分辅国公、镇国将军、辅国将军（如十七岁的奕劻）、奉国将军、

第十八章　与清王朝有关的王爷们

奉恩将军。看到这里，你就知晓"青年将军"奕劻于旧宅居住时的尴尬处境了。于是，换府！去哪里？奕劻倒是看上了一处，且为荒宅一座。

奕劻所看上的"荒宅"，自道光年间后期（1841）起便一直闲置。这宅子里居住过的，乃道光年间与陶澍、林则徐、伊里布等齐名的文渊阁大学士、直隶总督琦善。只可惜，在鸦片战争中，琦善彻底脏了名声，以大反派的形象呈现于后辈人的历史著述之中。他的府邸便一直空了下来。直到奕劻来此居住，并重新修葺内外为止。

如今的庆王府生活区，已被改作单位家属院多年。内部的绣楼保存较好。只是曾经的戏楼，被一场意外的大火给烧了个精光。